Corrado Gennuso

Da Microsoft Access a Microsoft SQL Server: MemoLIMS, un caso di studio

Da Microsoft Access a Microsoft SQL Server

Da Microsoft Access a Microsoft SQL Server: MemoLIMS, un caso di studio

Corrado Gennuso

Memo

Projects, Apps & Contents

2018

First Printing: 2018

ISBN 978-0-244-96484-9

Corrado Gennuso
Via Guido Reni 153
10137 Torino, Italy

gennuso@memo.it

www.memo.it

Sommario

Indice delle figure

Introduzione

I dati sono una risorsa fondamentale di ogni azienda.

Gli amministratori ed i responsabili IT nella scelta degli strumenti informatici per gestire i dati aziendali guardano con attenzione a requisiti quali le prestazioni nelle interrogazioni e, soprattutto, la sicurezza.

La soluzione corretta per la gestione dei dati è un motore di database (Database Engine), quale, ad esempio, Microsoft® SQL Server.

La diffusione di software di produttività individuale, come Microsoft® Office, ha portato all'enorme successo di Microsoft® Access che non è un vero Database Engine, ma permette a profili (skill) non specialistici di gestire facilmente, in piccole realtà aziendali, i dati, e di sviluppare robuste applicazioni attraverso oggetti predefiniti quali Maschere, Query, Report ed il diffusissimo linguaggio di Microsoft® Visual Basic for Applications (VBA).

Indubbi vantaggi della realizzazione di soluzioni con Microsoft® Access, che viene definito il più popolare Desktop Database Engine, sono la facilità di sviluppo e il bassissimo costo.

Le prestazioni di una soluzione Microsoft® Access, però, decadono all'aumentare della quantità dei dati gestiti, ed in ambiente di rete, al diminuire della banda disponibile.

Il problema delle prestazioni non è però l'aspetto più critico di un'applicazione Microsoft® Access.

Da Microsoft Access a Microsoft SQL Server

Il vero tallone di Achille è la sicurezza, perché gli archivi sono su uno o più file su cui l'utente deve avere i più ampi diritti per poter lavorare.

Comunque ad un certo punto del ciclo di sviluppo di un'applicazione Microsoft® Access emergono nuove esigenze che impongono la scelta di un vero Database Engine.

Queste esigenze sono

- Numerosi utenti simultanei
- Interrogazioni veloci e efficienti
- Maggior spazio di archiviazione (Microsoft® Access ha un limite di 2 GigaBytes, anche se è possibile superarlo con tabelle collegate)
- Migrazione WEB dell'applicazione
- Sicurezza Dati e Facilità di Manutenzione (Semplicità nel Backup e Ripristino dei Dati, nell'ottimizzazione delle prestazioni, nella configurazione degli utenti)

La migrazione da Microsoft® Access a Microsoft SQL Server non è un'operazione semplice, e, naturalmente non si riduce alla semplice conversione di Database Access (un file con estensione .mdb o .accdb) ad un Database SQL Server Access (un file con estensione .mdf)

Il codice delle applicazioni Microsoft® Access e l'interrogazione dei dati viene eseguita sul client in quanto Microsoft® Access non è un vero Database Engine.

La migrazione verso Microsoft® SQL Server prevede quindi una riscrittura più o meno parziale della logica dell'applicazione.

Durante la migrazione si deve assicurare, naturalmente, una continuità operativa agli utenti perché nessuna azienda può permettersi blocchi informatici per la messa in marcia di una nuova applicazione con il dovuto ciclo di test su funzionalità consolidate.

Nel processo di migrazione sceglieremo di passare attraverso il layer ODBC per mantenere buona parte della logica delle tabelle collegate nell'applicazione da Microsoft® Access.

Naturalmente si renderanno necessari degli interventi, come vedremo nei capitoli seguenti.

I passi in un processo di migrazione da Microsoft® Access a Microsoft® SQL Server sono i seguenti:

- Conversione dei file dell'applicazione Microsoft® Access dai formati con estensione .mdb (Versione 2000 o 2002/2003 di Microsoft® Access) all'ultimo formato con estensione .accdb (Versione 2007).

- Eliminazione del codice VBA obsoleto, ridondante o non utilizzato e documentazione del codice stesso.
- Eliminazione di oggetti Microsoft® Access (Query, Maschere, Report) non utilizzati od obsoleti.
- Ciclo di test per verificare gli interventi sul codice VBA e sugli oggetti Microsoft® Access dell'applicazione.
- Ricontrollo delle tabelle sul/i file di database .mdb o .accdb collegato/i, verifica Indici e/o Chiavi Primarie.
- Esecuzione di routine di bonifica/doblonatura (deduplica) dei dati.
- Scelta delle tabelle principali da migrare. In una prima fase le tabelle di costanti (Lookup) si possono mantenere nel formato Microsoft® Access.
- Scelta dello strumento di Migrazione dei dati:
  - Export manuale da Microsoft® Access su Microsoft® SQL Server
  - Upsize Wizard di Microsoft® Access
  - Import manuale in Microsoft® SQL Server
  - SSMA (SQL Server Migration Assistant) per Microsoft® Access

Tra questi strumenti l'unico da utilizzare è SSMA perché è l'unico completo. Degli altri possiamo dire che

- Export manuale da Microsoft® Access ignora gli indici
- Upsize Wizard di Microsoft® Access è stato rimosso come funzionalità dalla versione 2013 di Microsoft® Access
- Import manuale in Microsoft® SQL Server non supporta il formato .accdb, ma solo .mdb.

- Connessione (link) delle tabelle migrate (Microsoft SQL Server) via driver ODBC
- Interventi sul codice e sulle query per ottimizzare le prestazioni.
- Trasferimento delle tabelle di costanti (Lookup) su Microsoft® SQL Server, se si è scelto di non migrarle nella fase iniziale.
- Test Finali

Completata la migrazione, con i dati in Microsoft® SQL Server, si potrà riscrivere l'intera applicazione o parti di essa in ambiente diverso da Microsoft® Access, ad esempio in .NET che permette un accesso nativo ai dati su Microsoft® SQL Server senza passare per il layer ODBC.

Da Microsoft Access a Microsoft SQL Server

SQL Server Express Edition

Per procedere alla migrazione dei dati è necessario allestire un ambiente di test con una installazione di Microsoft® SQL Server.

Microsoft® offre diverse soluzioni per ottenere una versione gratuita di SQL Server come si vede dalla sua pagina di Download (**Fig. 1: Pagina di Download SQL Server**) all'indirizzo

https://www.microsoft.com/it-it/sql-server/sql-server-downloads

Fig. 1: Pagina di Download SQL Server

La versione che consigliamo è la Express Edition che può diventare anche una versione di produzione per l'applicazione.

La SQL Server Express Edition a cui nel seguito ci riferiremo semplicemente con SQL Server Express permette di gestire fino a 10 Gbyte di dati.

Da Microsoft Access a Microsoft SQL Server

Per chi utilizza applicazioni Access con dati memorizzati su database Access si tratta di un limite accettabilissimo.

Ricordiamo che un singolo file Access ha un limite di 2 Gbyte anche se tale limite può essere superato utilizzando più file.

Della versione SQL Server Express esistono diverse versioni.

Scarichiamo il file di installazione (Fig. 2: Downlad di SQL Server)

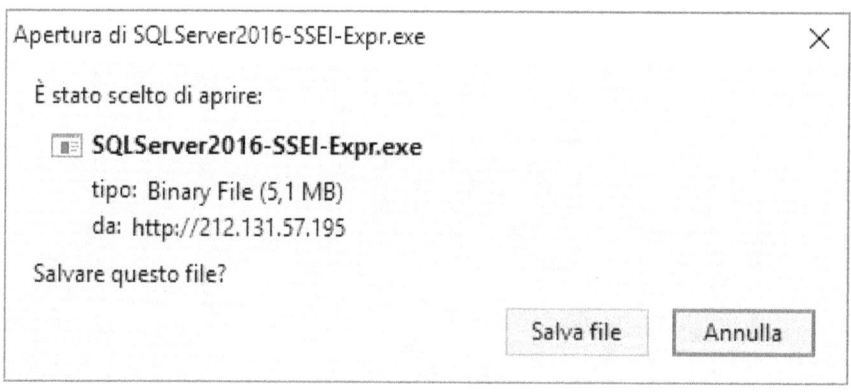

Fig. 2: Downlad di SQL Server

Eseguiamo l'installazione al termine del download (**Fig. 3: Installazione SQL Server**).

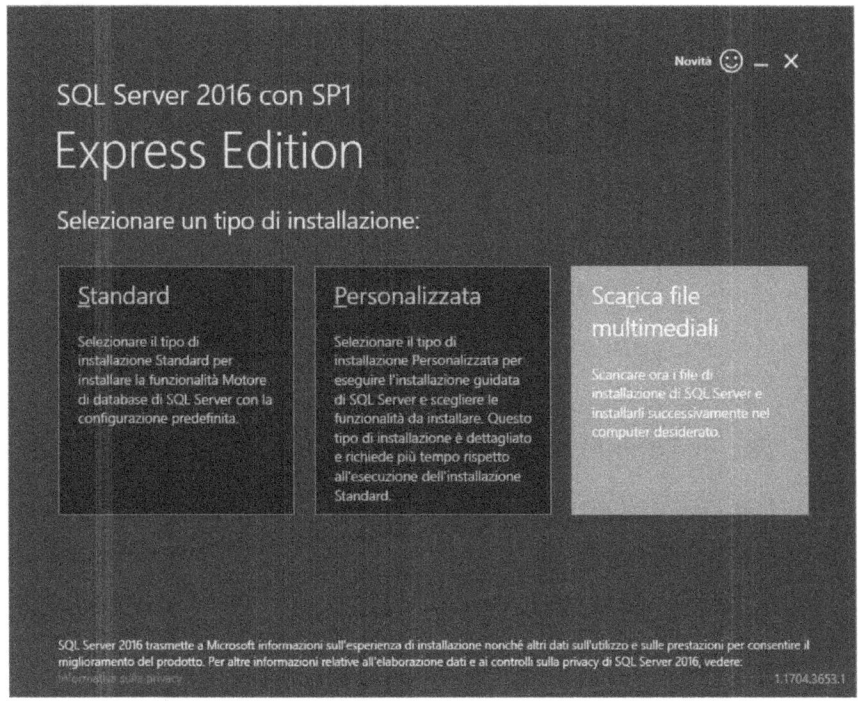

Fig. 3: Installazione SQL Server

L'installazione non è molto chiara.

L'opzione da utilizzare è quella che indica di scaricare i file multimediali.

In realtà si tratta semplicemente di un'opzione per scaricare i tre diversi pacchetti di installazione predisposti da Microsoft per le varie esigenze.

Scegliendo questa ultima opzione accediamo alla videata che permette di scaricare i pacchetti di installazione di

- Express Core (la versione base, il motore di database)
- Express Advanced (Comprende i servizi di reporting)
- LocalDB (Versione leggera da utilizzare per applicazioni locali in monoutrenza)

Per le nostre esigenze la versione da utilizzare è la prima, che risulta più semplice da installare.

La seconda va anche bene, ma richiede delle opzioni di configurazione per i Servizi di Reporting che lasciamo ad un skill di utente esperto.

La terza opzione è da prendere in considerazione se si vuole realizzare un'applicazione stand alone, da utilizzare su un pc locale, ma con criteri di sicurezza e robustezza di un vero motore SQL Server.

Noi optiamo per la versione Core di SQL Server Express.

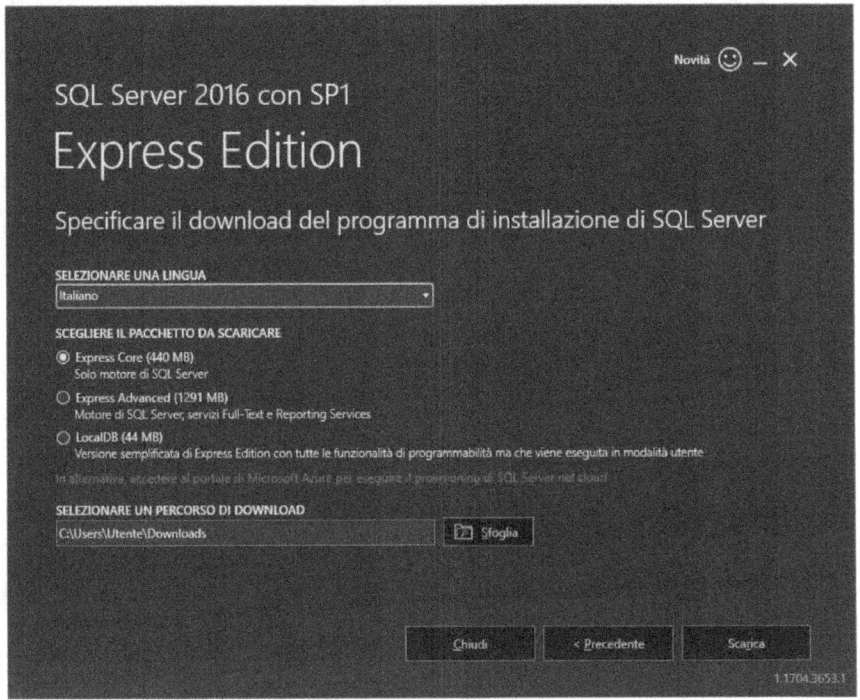

Fig. 4: Download SQL Server Core

Procediamo quindi al download della Core Edition (**Fig. 4: Download SQL Server Core**).

Da Microsoft Access a Microsoft SQL Server

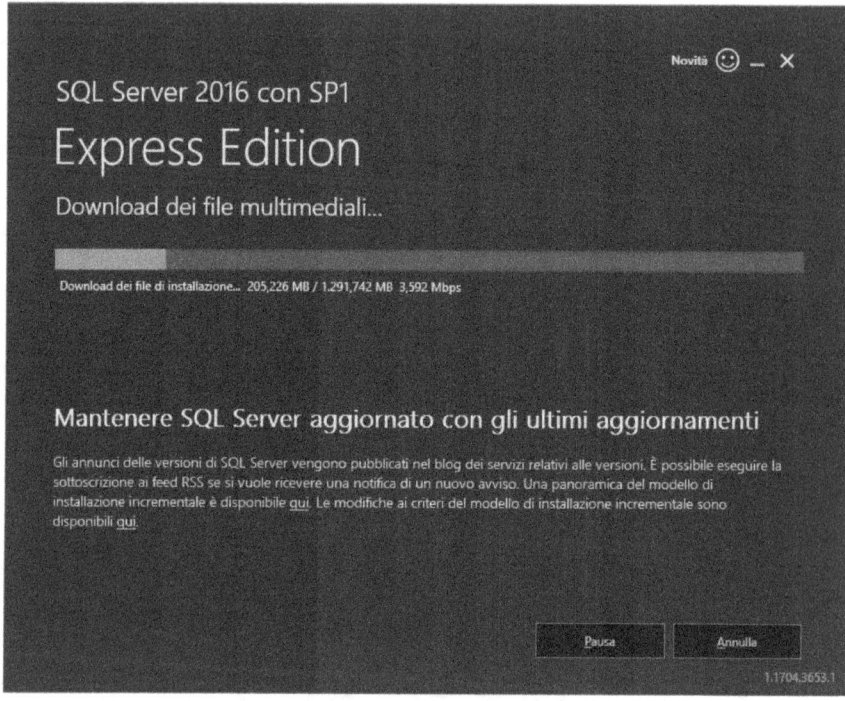

Fig. 5: Installazione SQL Server Core

Al termine del download procediamo con l'installazione vera e propria (**Fig. 5: Installazione SQL Server Core**).

Denominiamo l'istanza come SQLExpress2016 al posto del nome proposto SQLExpress in modo da riconoscere subito dal nome la versione di SQL Server (**Fig. 6: Configurazione dell'istanza**).

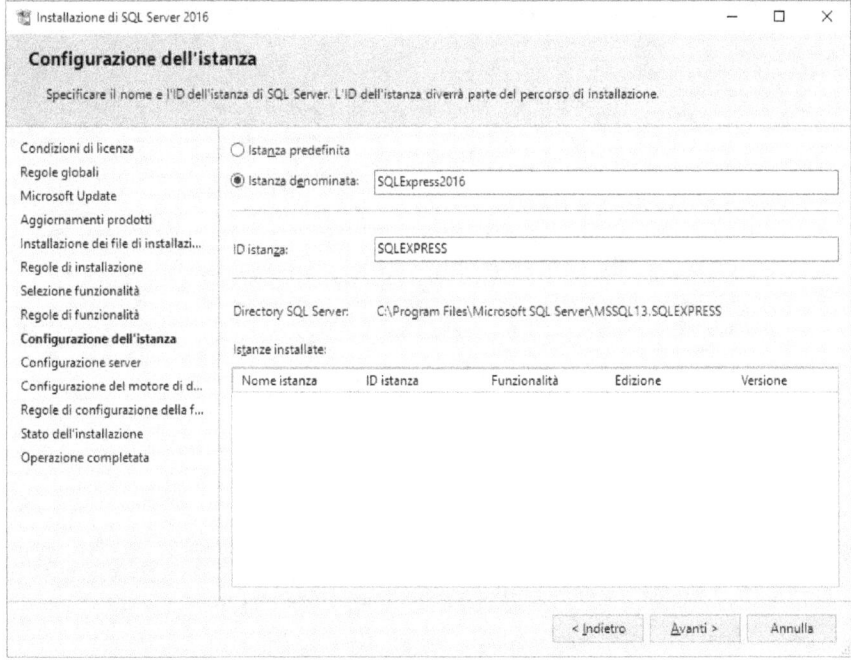

Fig. 6: Configurazione dell'istanza

Da Microsoft Access a Microsoft SQL Server

Lasciamo le impostazioni proposte per la configurazione server (**Fig. 7: Configurazione server**).

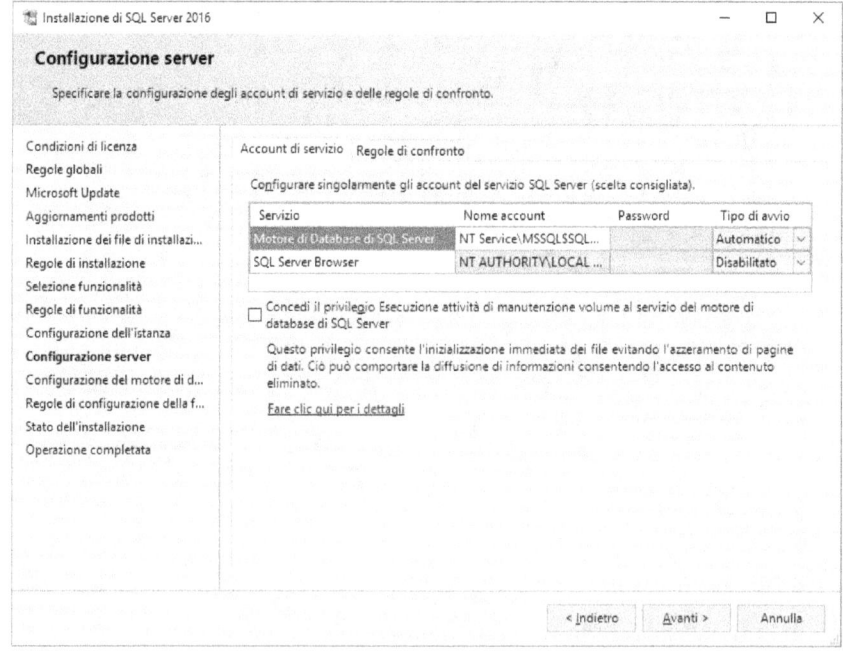

Fig. 7: Configurazione server

Per la configurazione del motore di database scegliamo la modalità mista assegnando la password per sa (system administrator), l'account amministratore di sistema SQL Server predefinito (**Fig. 8: Configurazione del motore di database**).

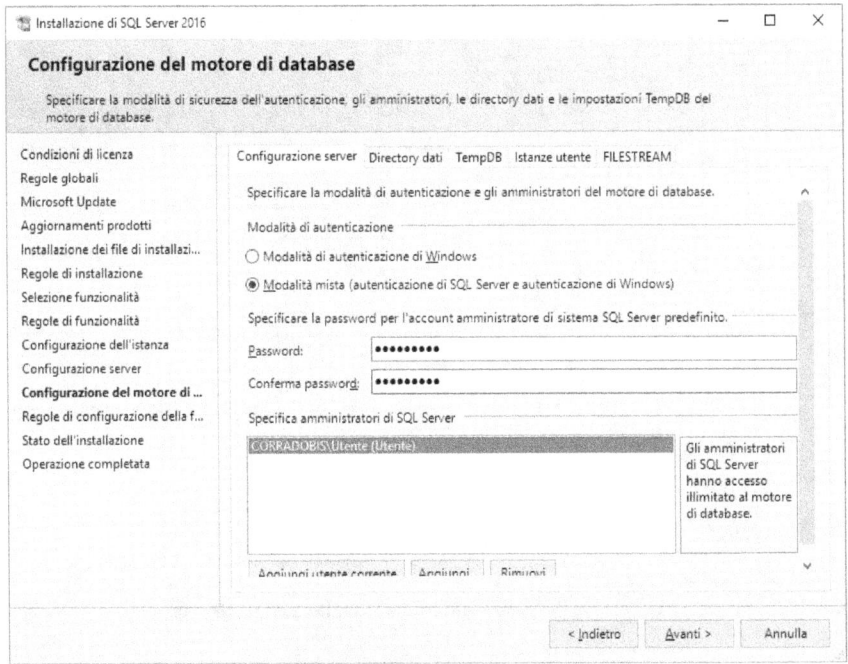

Fig. 8: Configurazione del motore di database

Al termine dell'installazione è utile rilanciare il setup oppure andare alla voce Microsoft SQL Server Installation Center (sui programmi installati) che permette di accedere anche a diverse risorse.

La voce **Installare gli strumenti di gestione di SQL Server** ci permette di accedere ad una pagina web con i collegamenti necessari ad installare soprattutto **Microsoft SQL Server Management Studio** (Fig. 9: Centro installazione SQL Server).

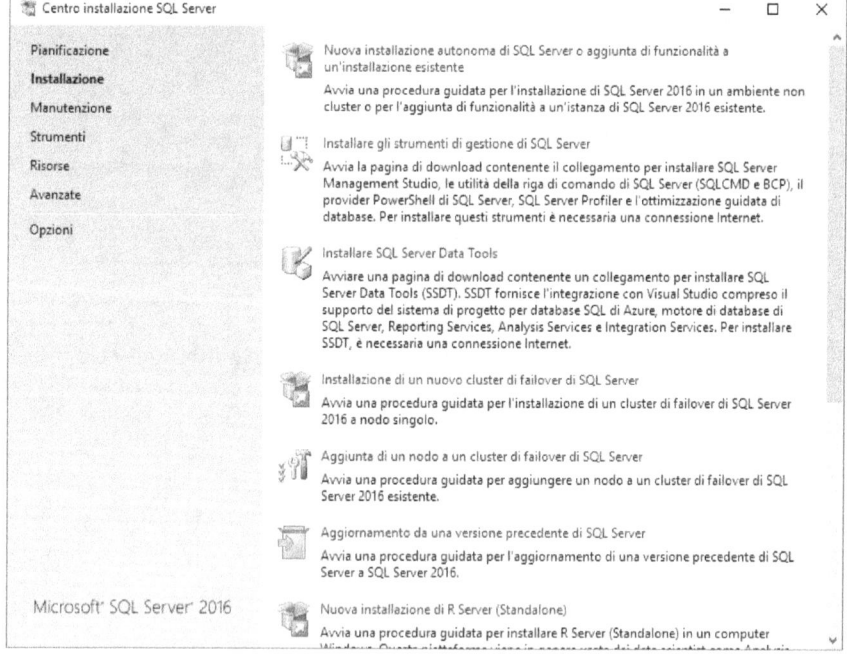

Fig. 9: Centro installazione SQL Server

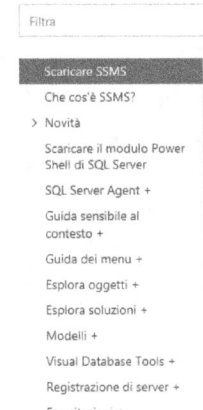

Filtra

Scaricare SSMS
Che cos'è SSMS?
> Novità
Scaricare il modulo Power Shell di SQL Server
SQL Server Agent +
Guida sensibile al contesto +
Guida dei menu +
Esplora oggetti +
Esplora soluzioni +
Modelli +
Visual Database Tools +
Registrazione di server +
Esercitazioni +

Scaricare SQL Server Management Studio (SSMS)

2017-6-27 · 8 minuti per la lettura · Autori di contributi

SQL Server Management Studio (SSMS) è un ambiente integrato per la gestione di qualsiasi infrastruttura SQL, da SQL Server al database SQL. SSMS fornisce gli strumenti per configurare, monitorare e amministrare le istanze di SQL Server da qualsiasi posizione venga distribuito. Con SSMS è possibile distribuire, monitorare e aggiornare i componenti livello dati usati dalle applicazioni, nonché creare query e script.

Questa versione offre una migliore compatibilità con le versioni precedenti di SQL Server, un programma di installazione Web autonomo e notifiche di tipo avviso popup all'interno di SSMS relative alla disponibilità di nuove versioni.

SSMS è gratis! **Download di SQL Server Management Studio 17.1** SSMS 17.X è l'ultima generazione di SQL Server Management Studio e supporta SQL Server 2017.

Fig. 10: Pagina di SQL Server Management Studio

Procediamo all'installazione di **SSMS, SQL Server Management Studio, (Fig. 10: Pagina di SQL Server Management Studio)** che diventerà la nostra interfaccia utente per operare su SQL Server (**Fig. 11: Installazione SQL Server Management Studio**).

Fig. 11: Installazione SQL Server Management Studio

Avviamo SSMS (SQL Server Management Studio) appena installato (**Fig. 12: SQL Server Management Studio - Login**) e ci si presenta la seguente videata

Fig. 12: SQL Server Management Studio - Login

Scegliamo la nostra istanza di SQL Server (Nome Server) che SSMS rileva automaticamente, scegliamo l'Autenticazione di SQL Server, l'account predefinito sa ed immettiamo la password, quindi ci connettiamo (**Fig. 13: SQL Server Management Studio**)

Da Microsoft Access a Microsoft SQL Server

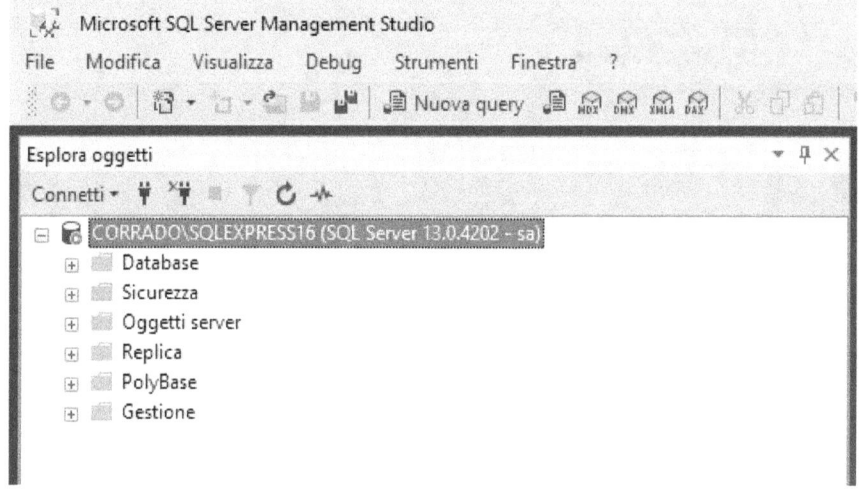

Fig. 13: SQL Server Management Studio

.

Microsoft SQL Server Management Studio diventerà il nostro strumento per operazioni quali

- Creazione Database
- Eliminazione Database
- Creazione/Modifica Tabelle
- Creazione/Modifica Viste (Le nostre ex query di Access)
- Backup di Database
- Ripristino di Database
- Manutenzioni Varie
- Etc.

La prima cosa da impostare su Microsoft SQL Server Management Studio è la possibilità di modificare le tabelle perché per impostazione predefinita permette solo di ricreare le tabelle.

Se non impostiamo questa opzione avremo il messaggio seguente:

Il salvataggio delle modifiche non è consentito. In base alle modifiche apportate è necessario eliminare e ricreare le tabelle seguenti. Sono state apportate modifiche a una tabella che non può essere ricreata oppure è stata abilitata l'opzione impedisci il salvataggio delle modifiche per cui è necessario ricreare la tabella (**Fig. 14: Messaggio Modifiche Tabelle***)*.

Da Microsoft Access a Microsoft SQL Server

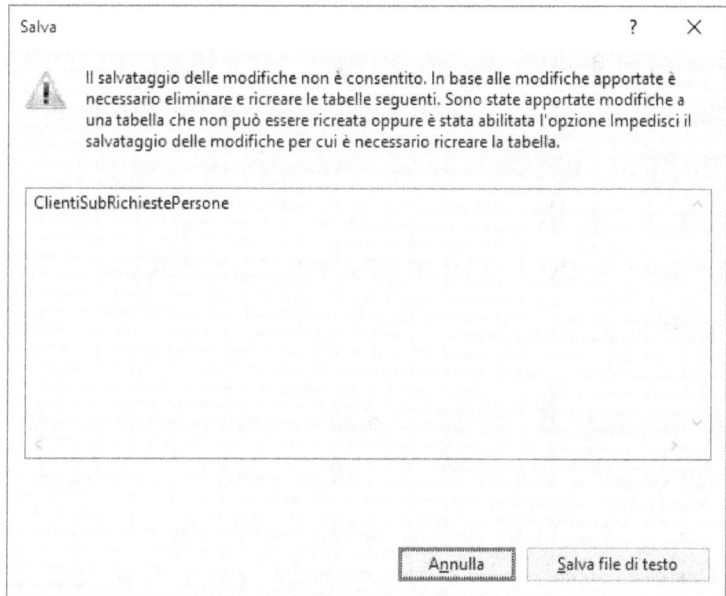

Fig. 14: Messaggio Modifiche Tabelle

Per rimuovere questa opzione si va sul menù Strumenti/Opzioni/Finestre di Progettazione/Progettazione tabelle e Progettazione database (**Fig. 15: Opzioni Modifiche Tabelle**)

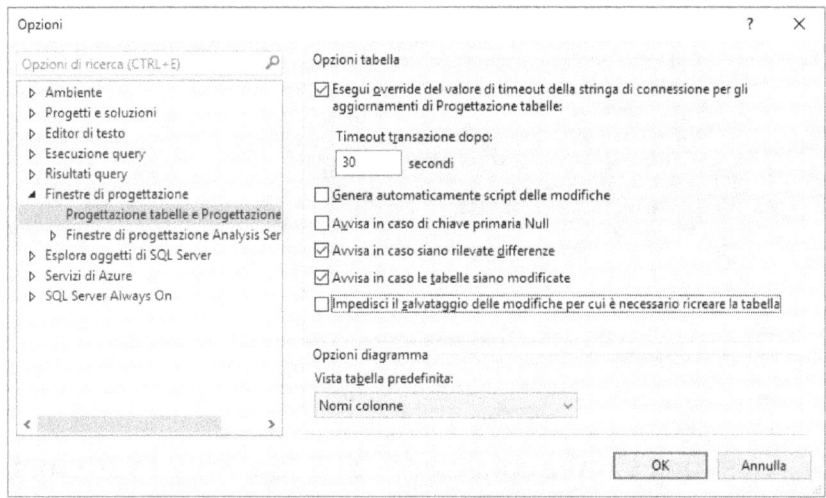

Fig. 15: Opzioni Modifiche Tabelle

e si lascia deselezionata la voce:

Impedisci il salvataggio delle modifiche per cui è necessario ricreare la tabella

L'altro strumento che è indispensabile è Gestione Configurazione di SQL Server (**Fig. 16: Gestione Configurazione di SQL Server**)

Da Microsoft Access a Microsoft SQL Server

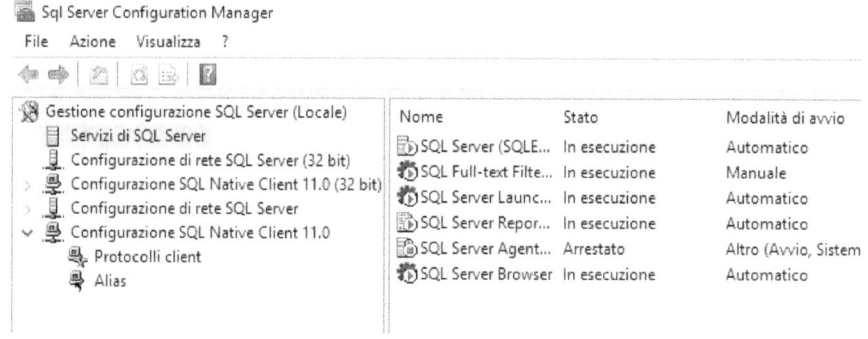

Fig. 16: Gestione Configurazione di SQL Server

Gestione Configurazione di SQL Server è lo strumento

- per gestire i servizi associati a SQL Server
- configurare i protocolli di rete utilizzati da SQL Server
- gestire la configurazione della connettività di rete da computer client SQL Server

Gestione Configurazione di SQL Server non è una applicazione autonoma, ma uno snap-in di Microsoft Management Console.

Per poter accedere a Gestione Configurazione, nel caso di SQL Server 2016, nella casella di ricerca basta digitare SQLServerManager13.msc, quindi col pulsante desto del mouse scegliere **Apri percorso file**.

In Esplora file di Windows fare clic con il pulsante destro del mouse su SQLServerManager13.msc e quindi scegliere **Aggiungi a Start**.

Ecco i percorsi per le ultime 2 versioni, con Windows installato nell'unità C:

2017	*C:\Windows\SysWOW64\SQLServerManager14.msc*
2016	*C:\Windows\SysWOW64\SQLServerManager13.msc*

I nostri interventi sulla configurazione di SQL Server saranno necessari quando accederemo da altri PC.

Vedremo che sarà necessario abilitare protocolli di comunicazione ed aprire ad esempio la porta TCP/IP 1433 sul firewall.

La prima fase della Migrazione dell'applicazione sarà svolta sullo stesso PC che ospita SQL Server e quindi non saranno necessarie configurazioni che riguardano in definitiva la sicurezza.

Da Microsoft Access a Microsoft SQL Server

L'applicazione d'esempio oggetto della nostra migrazione da Microsoft® Access a Microsoft® SQL Server è MemoLIMS.

L'applicazione MemoLIMS è tecnicamente un LIMS, Laboratory Information Management System (Sistema di Gestione del Laboratorio) che si presenta come un file .mdb (formato compatibile Microsoft® Access 2002/2003), **MemoLIMS.mdb**, collegato ad un file del Gruppo di Lavoro contenente le informazioni su Utenti e Gruppi di Utenti, **protetto.mdw** (**Fig. 17: File di MemoLIMS**).

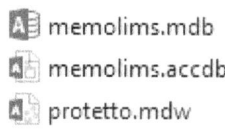

Fig. 17: File di MemoLIMS

Si consiglia di utilizzare l'ultima versione di Microsoft® Access, che è attualmente la 2016.

La prima operazione da effettuare è la conversione del database dal formato .mdb all'ultimo formato .accdb.

Dopo aver eseguito l'accesso all'applicazione MemoLIMS (**Fig. 18: MemoLIMS**) si sceglie dal Menu file l'opzione Salva con nome/Salva database con nome/Database Access (*.accdb) (**Fig. 19: Salva MemoLIMS in formato .accdb**).

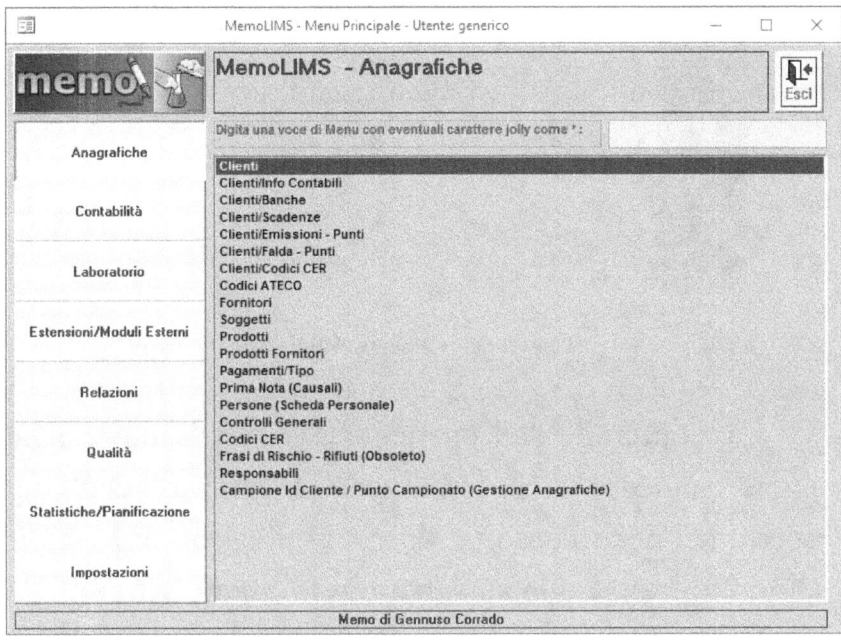

Fig. 18: MemoLIMS

Da Microsoft Access a Microsoft SQL Server

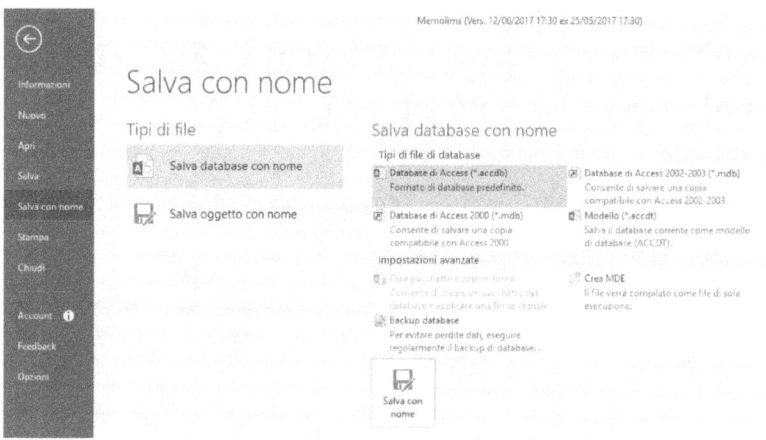

Fig. 19: Salva MemoLIMS in formato .accdb

La conferma dell'operazione sul pulsante Salva con nome richiede la conferma per la chiusura degli oggetti aperti, nel nostro caso la Maschera di Menu di MemoLIMS (**Fig. 20: Messaggio su salvataggio MemoLIMS**).

Dopo aver scelto la posizione su cui salvare il file convertito (**Fig. 21: Salvataggio MemoLIMS**) inizia la procedura di conversione che si conclude con il messaggio sulla incompatibilità con versioni di Microsoft ® Access precedenti alla 2007 (**Fig. 22: Conferma Salvataggio MemoLIMS**).

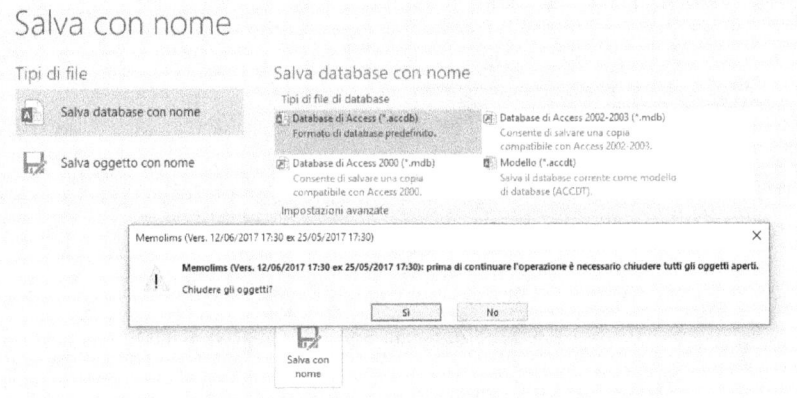

Fig. 20: Messaggio su salvataggio MemoLIMS

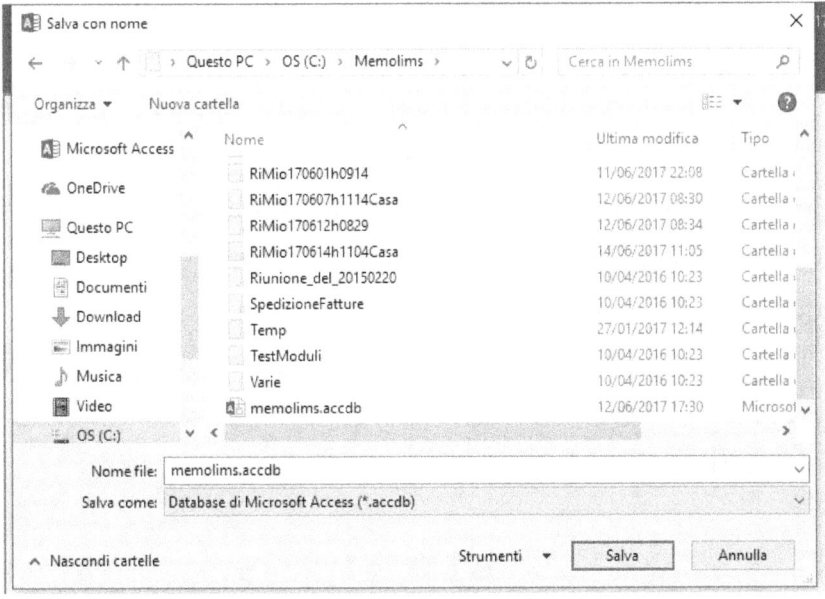

Fig. 21: Salvataggio MemoLIMS

Da Microsoft Access a Microsoft SQL Server

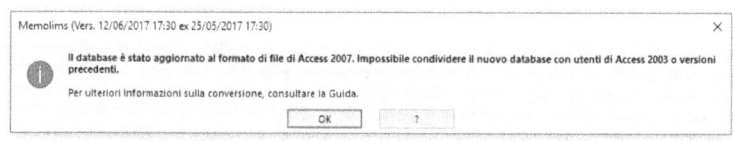

Fig. 22: Conferma Salvataggio MemoLIMS

Dopo aver allineato la versione del file Microsoft ® Access dell'applicazione al formato 2007 (.accdb) possiamo utilizzarla tranquillamento al posto della versione 2002/2003 (.mdb).

Le due versioni possono essere utilizzate anche in concomitanza.

Sull'ultima versione (.accdb) operiamo una pulizia del codice VBA per eliminare parti obsolete o di test, per documentare e commentare codice complesso.

Successivamente eliminiamo gli oggetti Microsoft® Access (Query, Maschere, Report) non utilizzati od obsoleti.

Operazioni preliminari sui dati

Con la versione 2013 di Microsoft® Access sono state riviste alcune funzionalità mentre altre sono state rimosse.

Tra le funzionalità rimosse vi è la funzionalità di replica.

Questa funzionalità richiedeva al motore di database JET di creare dei campi di sistema nelle tabelle per gestire la replica.

Se esistono vecchie tabelle con questi campi la replica non verrà gestita, ma è possibile utilizzare le funzionalità di replica di Microsoft® SQL Server.

Prima del processo di Migrazione è necessario intervenire sulle tabelle interessate per una verifica degli indici.

Vediamo le situazioni che possono creare problemi nella Migrazione, ma che dovrebbero essere assenti se il database è stato progettato correttamente.

1. **Le tabelle di Access non hanno un indice univoco**
   L'assenza di un campo con indice univoco non permette la modifica dei dati della tabella dopo la migrazione. Aggiungere un campo con indice univoco.

2. **Indici univoci con valori Null**

SQL Server non accetta valori Null in indici univoci. Compilare i campi Null con valori di comodo. La presenza di valori Null è bloccante per il trasferimento.

3. **Campi di tipo Data**

   Access può accettare valori di tipo *Data* che sono al di fuori dell'intervallo del campo di tipo *Datetime* di SQL Server.

   Access accetta date dal 1/1/100 al 31/12/9999.

   SQL Server accetta date dal 1/1/1753 al 31/12/1999.

   Molte volte nelle tabelle Access le date non compatibile con il formato Datetime SQL Server provengono da errato inserimento dell'utente. Possiamo controllare questo problema creando un database di comodo che possiamo chiamare **MigrazioneSQL.accdb ()**

   In questo database creeremo due tabelle, MLTables e MLTablesChange (**Fig. 23: MLTables e MLTablesChange**)

Fig. 23: MLTables e MLTablesChange

I campi di tipo Testo breve nelle due tabelle sono impostati sulla lunghezza massima di 255 caratteri.

Nella tabella MLTables inseriamo l'elenco delle tabelle che vogliamo verificare con il nome del campo con Indice Univoco (di solito la chiave primaria).

La tabella MLTablesChange conterrà i valori di tipo Data non compatibile con il formato Datetime di SQL Server.

Allegheremo al database MigrazioneSQL .accdb le tabelle inserite in MLTables.

Inseriremo nel database MigrazioneSQL. accdb un nuovo modulo ML_MigrazioneSQL con la funzione **TestCampiData()**.

Nome della funzione	**TestCampiData**

Da Microsoft Access a Microsoft SQL Server

Scopo	*Imposta a Null i campi di tipo Data/Ora non compatibili con il campo di tipo Datetime di Microsoft® SQL Server salvando il valore originale nella tabella **MLTablesChange***
Parametri	*Nessuno*

```
Public Function TestCampiData() As Boolean
On Error GoTo TestCampiData_Err
Dim comodo
Dim db As DAO.Database
Dim rsMain, rsS, rsT As Recordset
Dim i As Long
TestCampiData = False
Set db = CurrentDb()
Set rsMain = db.OpenRecordset("MLTables")
Set rsS = db.OpenRecordset("MLTables")
Set rsT = db.OpenRecordset("MLTablesSub")
While Not rsMain.EOF
  Set rsS = db.OpenRecordset(rsMain("MLTable"))
  While Not rsS.EOF
    For i = 0 To rsS.Fields.Count - 1
      If rsS.Fields(i).Type = dbDate Then
        If IsNull(rsS(rsS.Fields(i).Name)) Then
        ElseIf  rsS(rsS.Fields(i).Name) < DateSerial(1753,1,1)  Then
          rsT.AddNew
            rsT("MLTable") = rsMain("MLTable")
            rsT("MLTableKeyId") = rsS(rsMain("MLTableKey"))
            rsT("MLTableField") = rsS.Fields(i).Name
            rsT("MLTableDate") = rsS(rsS.Fields(i).Name)
          rsT.Update
          rsS.Edit
```

```
            rsS(rsS.Fields(i).Name) = Null
            rsS.Update
         End If
       End If
     Next i
     rsS.MoveNext
   Wend
   rsMain.MoveNext
 Wend
 rsT.Close
 rsS.Close
 rsMain.Close
 db.Close
 TestCampiData = True
 TestCampiData_Exit:
       Exit Function
 TestCampiData_Err:
       MsgBox "Errore: " + Err.Description
       Resume TestCampiData_Exit
 End Function
```

La funzione, eseguita nella finestra immediata, imposterà a Null il campo Data con valore minore di 1/1/1753 e registrerà il valore modificato in MLTableChange, nel campo MLTableDate, creando un record identificato dalla chiave primaria MLTableKeyId (riferimento al record d'origine), MLTable (riferimento alla tabella d'origine), MLTableField (riferimento al campo Data d'origine).

Da Microsoft Access a Microsoft SQL Server

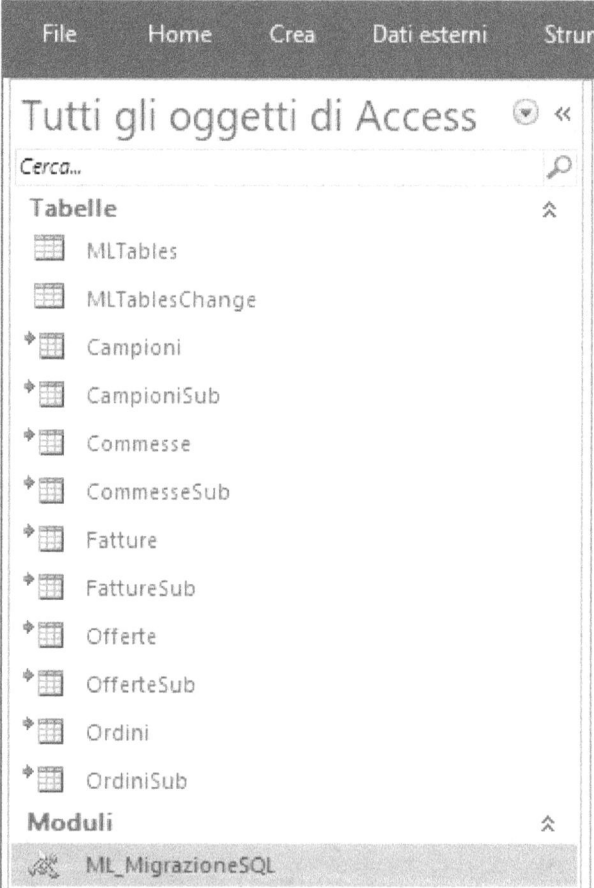

Fig. 24: MigrazioneSQL.accdb

Questa operazione permette di mantenere nella Migrazione il tipo di campo **datetime** al posto del campo **datetime2(0)** se utilizzo SSMA (SQL Server Migration Assistant) o **datetime2(7)** se utilizzo un export manuale da ACCESS. Un Import manuale da SQL Server fallirebbe (ricordiamo che l'import manuale è possibile solo con il formato .mdb).

4. Dimensione campi diversa tra relazione chiave primaria ed esterna

Access permette di avere diverse dimensioni per la chiave primaria che è collegata ad una chiave secondaria in un'altra tabella. In SQL Server non è possibile. Unificare le dimensioni.

5. Campi di tipo collegamento (hyperlink)

I campi di tipo collegamento non esistono in SQL Server. Il processo di migrazione li considera alla stregua di campi Memo (Testo Lungo) di Access.

6. Parole riservate

Access e SQL Server hanno due diversi insiemi di parole riservate. Nelle query è bene riferirsi ad oggetti con nome corrispondente ad una parola riservata includendo il nome tra parentesi quadre. Ad esempio "schema" è una parola riservata. Se voglio utilizzare un oggetto con questo nome, ad esempio una tabella, devo scrivere *"SELECT * FROM [schema]"* e non *"SELECT * FROM schema"*. Per evitare problemi con i nomi riservati suggeriamo di scrivere sempre nelle query i nomi di tabelle e campi tra parentesi quadre.

7. Chiave Primaria

Access assegna all'indice chiave primaria il nome
PrimaryKey. In fase di migrazione questo nome
indice dà luogo a dei messaggi non bloccanti e viene
rinominato.

Se si vuole ridurre il numero di messaggi in fase di
migrazione può essere utile rinominare l'indice in
PK_NomeTabella come fa SQL Server quando si
aggiunge una chiave primaria. La seguente funzione
PrimaryKey_CambiaNome() automatizza questo
processo di ridenominazione

Nome della funzione	**PrimaryKey_CambiaNome**
Scopo	*Rinomina l'indice PrimaryKey in PK_NomeTabella*
Parametri	*Nessuno*

```
Public Function PrimaryKey_CambiaNome()
Dim db As Database
Dim tdf As TableDef
Dim fld As Field
Dim Indx As Index
Set db = CurrentDb()
'se le tabelle sono in un altro database usa
'Set db = DBEngine(0). _
OpenDatabase("PercorsoDatabase\NomeDatabaseConEstensione")
For Each tdf In dbs.TableDefs
        For Each Indx In tdf.Indexes
                If Indx.Name = "PrimaryKey" Then
```

```
                    Indx.Name = "PK_" & tdf.Name
            End If
        Next Indx
    Next tdf
    db.Close
    Set db = Nothing
    MsgBox "Gli indici Chiave Primaria (PrimaryKey) sono stati rinominati in
    PK_NomeTabella!"
    End Function
```

Consiglio però di procedere manualmente così da effettuare un controllo generale degli indici prima della Migrazione.

Si tratta comunque di un'operazione non necessaria perché il nome dell'indice è semplicemente un nome: uno vale l'altro.

8. Campi Sì/No senza valore predefinito

Se un campo di tipo Sì/No non ha un valore predefinito Access imposta a 0 il valore predefinito nella tabella SQL Server di destinazione.

Da Microsoft Access a Microsoft SQL Server

SSMA (SQL Server Migration Assistant)

La scelta dello strumento di migrazione dei dati può essere effettuata tra:

- Export manuale da Microsoft® Access su Microsoft® SQL Server
- Import manuale in Microsoft® SQL Server
- SSMA (SQL Server Migration Assistant) per Microsoft® Access

In questo elenco manca l'Upsize Wizard di Microsoft® Access.

Il motivo è semplice.

Dalla versione 2013 di Microsoft® Access è stato eliminato ed il suo uso, possibile solo con versioni precedenti, fortemente sconsigliato.

I primi due strumenti elencati, Export da Microsoft® Access ed Import da Microsoft® SQL Server, sono strumenti utili in casi particolari quali dei test veloci che coinvolgono singole tabelle.

L'Import da Microsoft® SQL Server non prevede però il formato di Access .accdb introdotto con la versione 2007.

Entrambi i metodi inoltre non aggiungono il campo di comodo di tipo Timestamp necessario per gestire la concorrenza durante l'immissione dei dati nella tabella.

Se si utilizzano questi due metodi ci si deve ricordare di inserire manualmente questo campo di comodo.

SSMA, il terzo strumento proposto, inserisce il campo in questione in maniera automatica denominandolo SSMA_Timestamp.

Per una Migrazione massiva e controllata lo strumento migliore è senza dubbio SSMA (SQL Server Migration Assistant) per Microsoft® Access.

SSMA fa parte di una famiglia di Utility di Migrazione verso SQL Server che Microsoft® rende disponibile agli sviluppatori all'indirizzo

https://docs.microsoft.com/en-us/sql/ssma/sql-server-migration-assistant

SSMA è disponibile per effettuare la migrazione dai database nelle seguenti versioni

- SQL Server Migration Assistant for Access

- SQL Server Migration Assistant for DB2

- SQL Server Migration Assistant for MySQL

- SQL Server Migration Assistant for Oracle

- SQL Server Migration Assistant for Sybase ASE

All'indirizzo sopra sono disponibili anche i collegamenti per i siti e i forum di supporto.

Per la versione relativa alla Migrazione da Microsoft® Access sono presenti le informazioni le informazioni principali tra i campi di

https://docs.microsoft.com/en-us/sql/ssma/access/incompatible-access-features-accesstosql

Utilizziamo, quindi, lo strumento migliore che Microsoft® fornisce per la migrazione del database.

Naturalmente per utilizzare SSMA dobbiamo partire dall'installazione (Figura 9) -

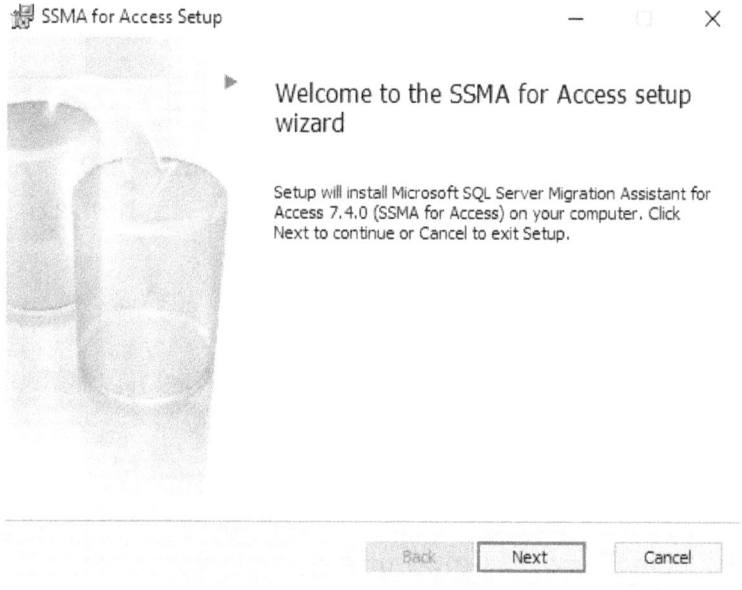

Fig. 25: Installazione SSMA

Su alcune macchine potrebbe apparire un messaggio, bloccante per l'installazione, sull'assenza delle librerie DAO (**Fig. 25: Installazione SSMA**).

La via sicura per ottenere le librerie mancanti, che in realtà ci sono, ma che non vengono rilevate da SSMA, è quella di installare una versione di Runtime di Access.

Attenzione! Le versioni di Runtime che vanno bene sono quelle dalla 2010 in avanti.

La precisazione è d'obbligo perché si deve installare una versione diversa dal pacchetto Access completo presente sulla workstation dell'installazione.

Se ho il 2016 installo il 2010 o il 2013, se ho il 2013 installo il 2010 e il 2016.

Non perdete tempo con vari consigli sul web che spiegano di copiare questa o quell'altra dll sulla cartella di sistema.

L'installazione richiesta è quella dell'intero MDAC che appunto si trova nel runtime di Access.

Il messaggio sull'assenza delle librerie è simile a questo **(Fig. 26: SSMA Messaggio d'errore)**

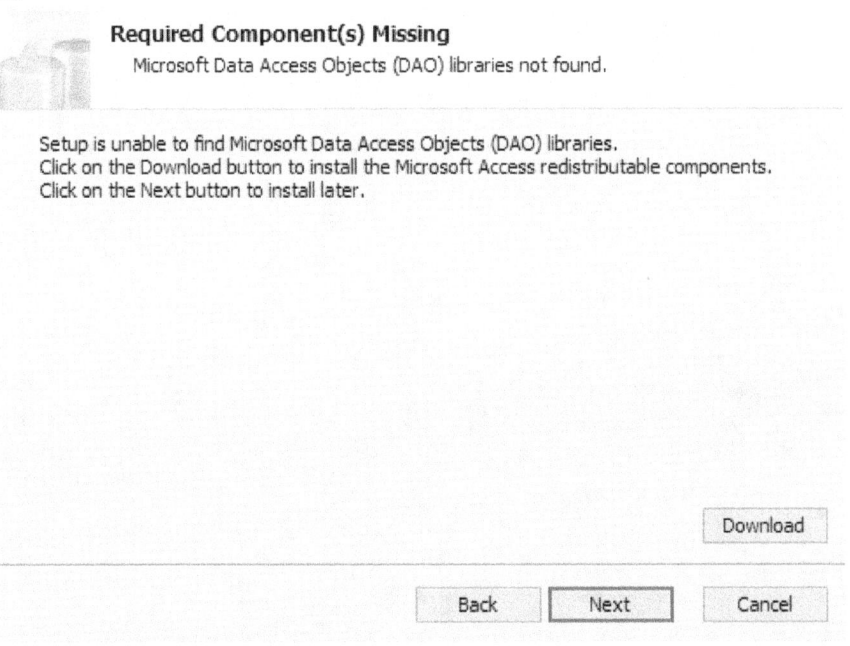

Fig. 26: SSMA Messaggio d'errore

Da Microsoft Access a Microsoft SQL Server

Clicchiamo sul pulsante di download e andiamo alla pagina di runtime che ci serve.

Noi abbiamo scelto il runtime della versione 2016 (**Fig. 27, 28: Microsoft Access 2016 Runtime**).

Fig. 27: Microsoft Access 2016 Runtime

Fig. 28: Microsoft Access 2016 Runtime

Alla fine possiamo avviare il nostro **SSMA**

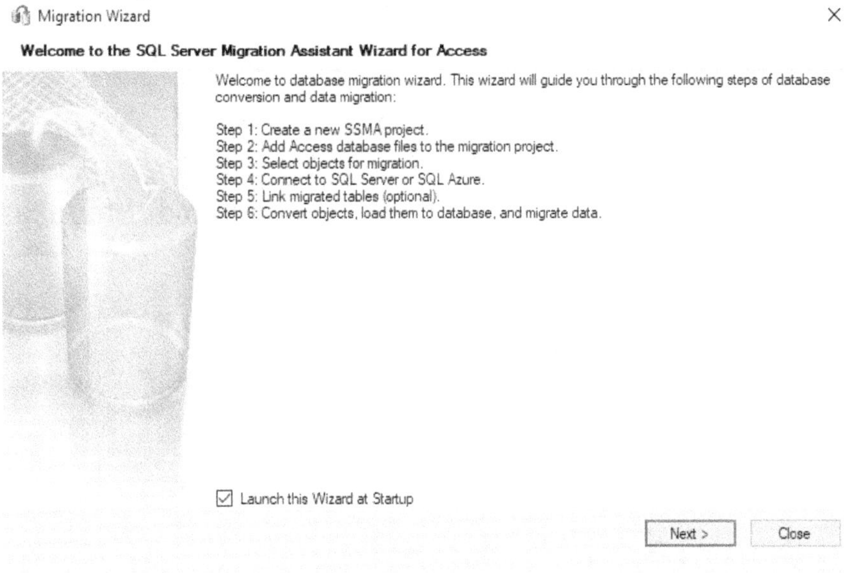

Fig. 29: SSMA

Il caratteristico wizard (**Fig. 29: SSMA**) ci guida nella creazione del progetto di Migrazione.

SSMA: la migrazione dei dati su SQL Server

Dopo l'avvio di SSMA (**Fig. 30: SSMA Wizard**), se abbiamo mantenuto l'opzione *Launch the Wizard at Startup*, possiamo definire il nostro progetto di Migrazione

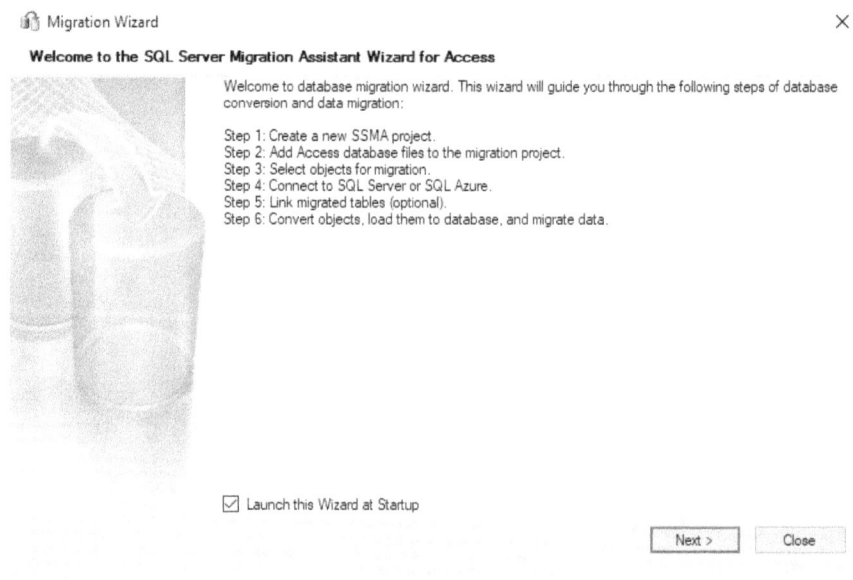

Fig. 30: SSMA Wizard

Impostiamo il progetto SQLMigration_Memolims (**Fig. 31: SSMA – Progetto Migrazione MemoLIMS**) sulla cartella (cerchiamo di usare nomi esplicativi) MigrazioneSQL che conterrà anche tutte le risorse (codice, documentazione, sitografia) necessarie alla migrazione dell'applicazione Memolims, scelta come caso di studio.

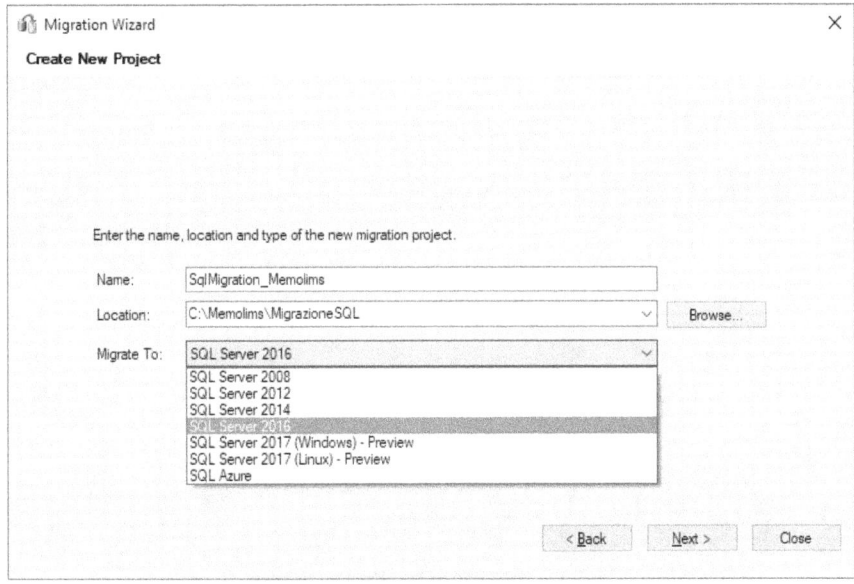

Fig. 31: SSMA – Progetto Migrazione MemoLIMS

Scegliamo la versione di SQL Server installata (nel nostro caso SQL Server 2016).

Nella schermata successiva del wizard (**Fig. 32: Add Databases**) viene richiesto l'inserimento dei database (file di Access) nel progetto.

Normalmente l'applicazione Access è un file con Maschere, Report, Moduli, Query, Tabelle locali e Tabelle collegate.

I database richiesti sono i file di Access contenenti le tabelle collegate.

Da Microsoft Access a Microsoft SQL Server

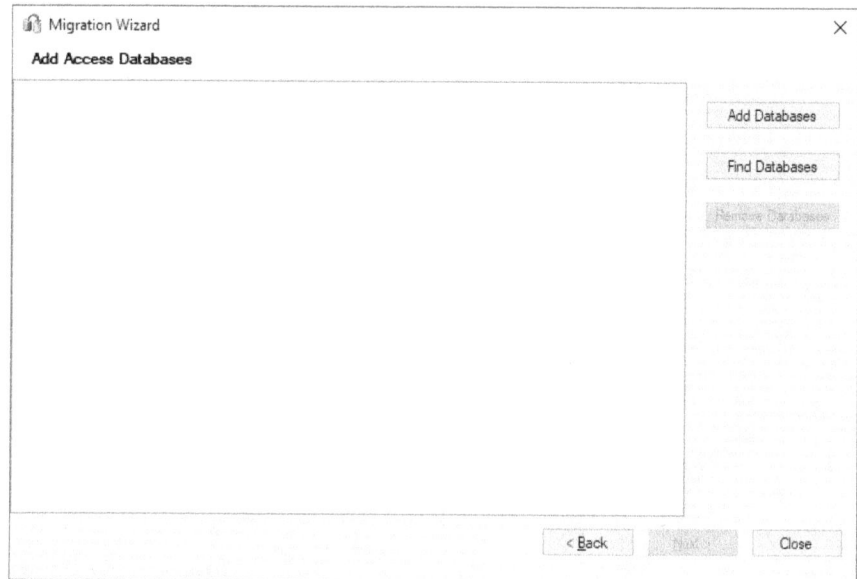

Fig. 32: Add Databases

Scegliamo, quindi i database contenenti le tabelle da migrare su SQL Server (**Fig. 33: Scelta Database Access da Migrare**).

Come si nota abbiamo convertito i database nella versione Access 2017 (.accdb).

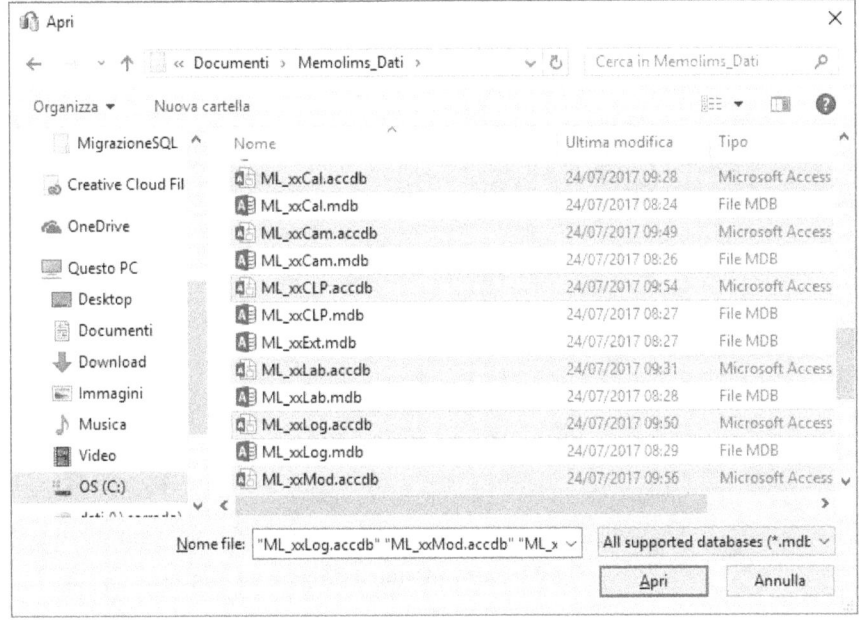

Fig. 33: Scelta Database Access da Migrare

Notiamo l'elenco dei file (**Fig. 34: Elenco Database Access da Migrare**) scelti per la migrazione.

Da Microsoft Access a Microsoft SQL Server

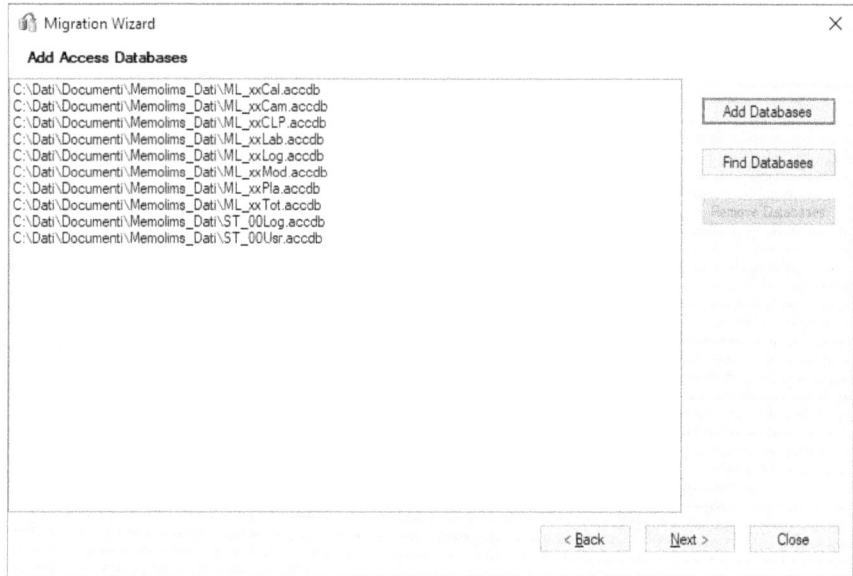

Fig. 34: Elenco Database Access da Migrare

Nella schermata successiva del wizard (**Fig. 35: Oggetti da Migrare**) una struttura ad albero presenta le tabelle selezionate (le query non lo sono) per procedere alla migrazione.

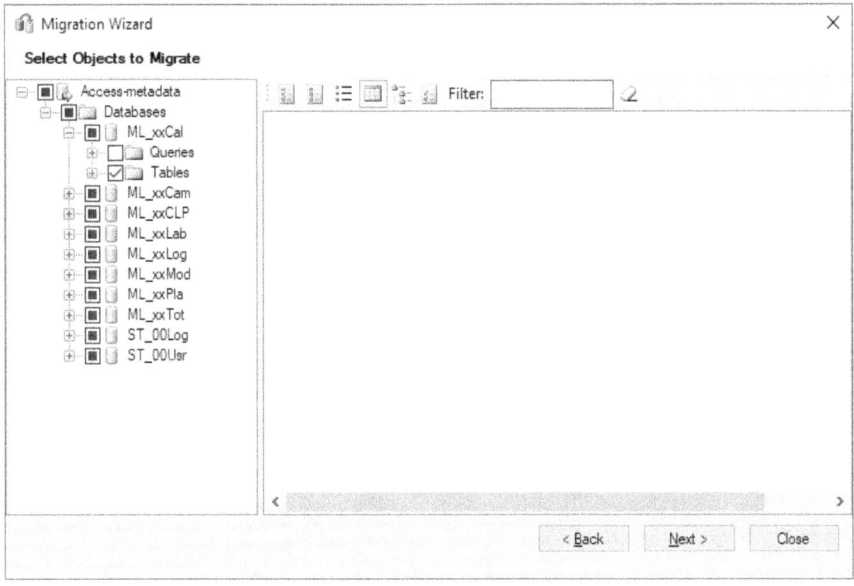

Fig. 35: Oggetti da Migrare

Deselezioniamo (**Fig. 36: Selezione Oggetti da Migrare**) eventuali tabelle che non vogliamo migrare (tabelle obsolete non utilizzate dall'applicazione, copie storiche di tabelle, etc.).

Da Microsoft Access a Microsoft SQL Server

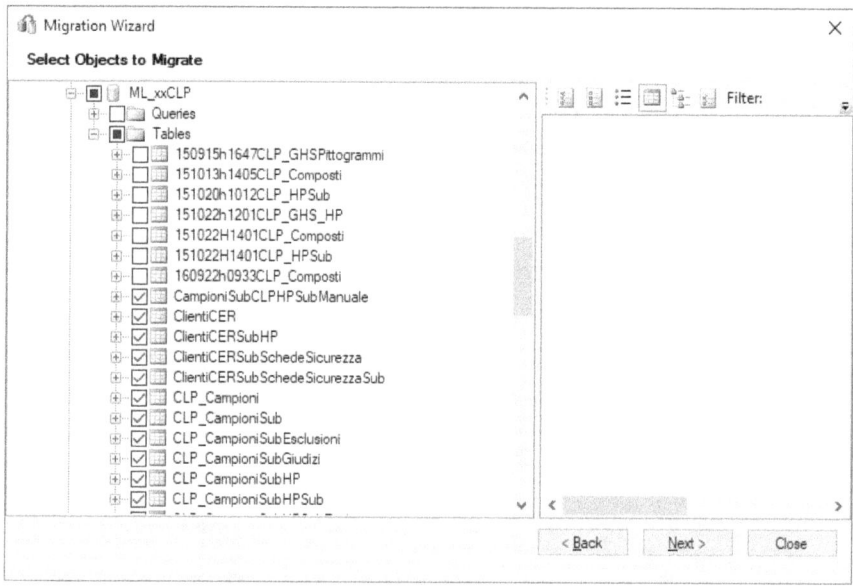

Fig. 36: Selezione Oggetti da Migrare

Nelle operazioni preliminari abbiamo impostato a NULL valori di data che non rientravano nell'intervallo previsto dal tipo di campo Datetime.

SSMA prevede per default il tipo di campo Datetime2(0) che viene visualizzato nelle tabelle collegate via ODBC in Access come campo di tipo Testo di lunghezza 19.

Questo è un problema per l'applicazione perché l'accesso via DAO si aspetta delle tabelle di tipo Data/Ora.

Quindi per ogni database è necessario impostare nello schema di trasferimento la corrispondenza con il tipo di campo Datetime invece del preimpostato Datetime2(0) (**Fig. 37: Impostazioni Tipo Campi**)

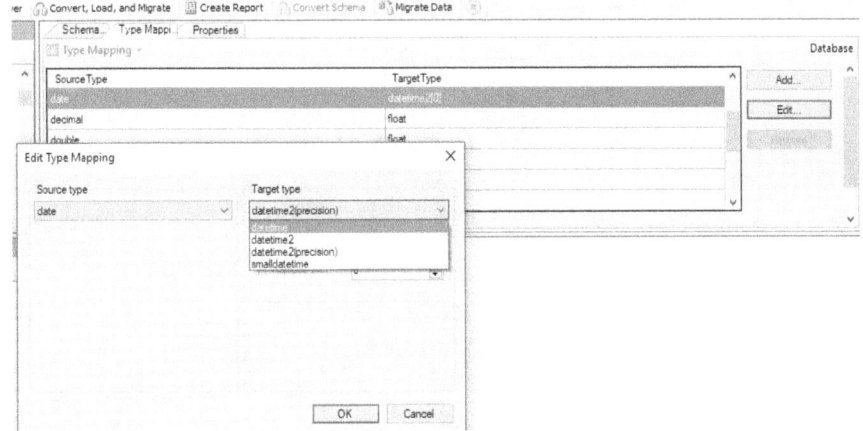

Fig. 37: Impostazioni Tipo Campi

Finalmente viene richiesta la connessione al database SQL (**Fig. 38: SSMA Wizard – Richiesta Connessione**).

Se non viene rilevata l'istanza del database la digitiamo.

Nel nostro caso è CORRADO\SQLExpress2016.

Digitiamo il nome del database, ML, su cui migrare le tabelle.

Da Microsoft Access a Microsoft SQL Server

Fig. 38: SSMA Wizard – Richiesta Connessione

Se il database non esiste SSMA lo crea dopo aver chiesto conferma (**Fig. 39: Messaggio per Creazione Database**).

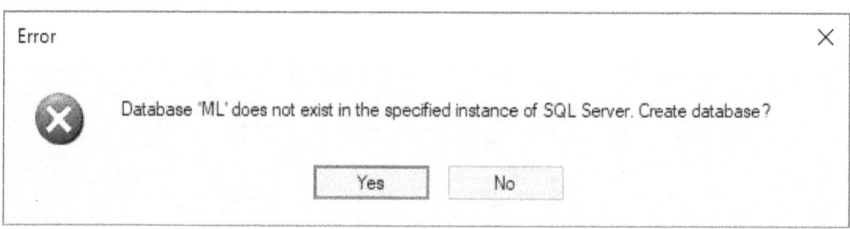

Fig. 39: Messaggio per Creazione Database

Il passo successivo informa che le tabelle migrate su SQL Server dovranno essere collegate nell'applicazione

Access al posto delle tabelle contenute nei file database (**Fig. 40: Messaggio Collegamento Tabelle**).

Naturalmente lasciamo selezionata l'opzione *Link Tables* che inserirà nei database i collegamenti richiesti con il nome delle tabelle originali.

Le tabelle originali verranno rinominate, come vedremo più avanti.

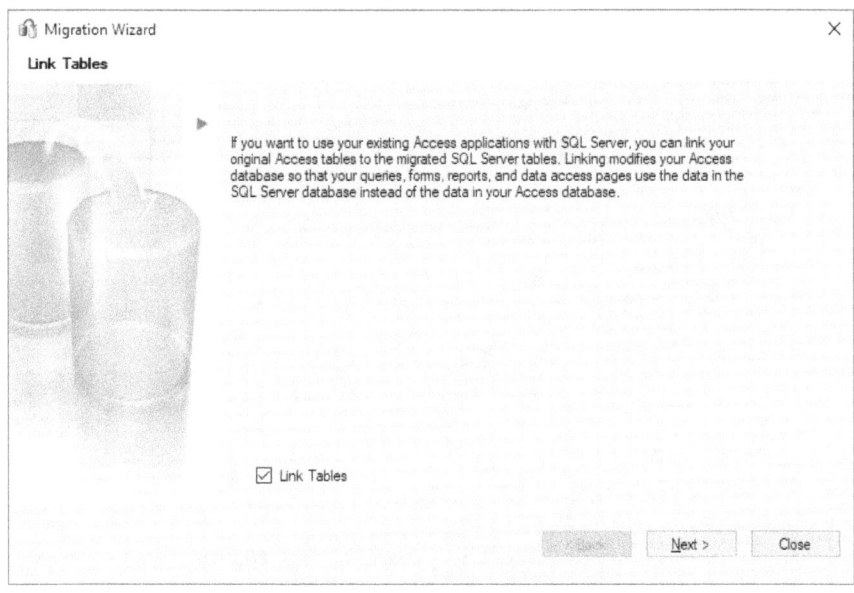

Fig. 40: Messaggio Collegamento Tabelle

Inizia finalmente il processo di migrazione che possiamo identificare nei passi seguenti

- Conversione degli oggetti (tabelle) selezionati (**Fig. 41: Conversione degli Oggetti**)

- Creazione degli oggetti convertiti nel database SQL di destinazione (**Fig. 42: Creazione degli Oggetti**)
- Migrazione dei dati (**Fig. 43: Migrazione dei dati**)
- Collegamento delle tabelle convertite (**Fig. 45: Collegamento Tabelle**)

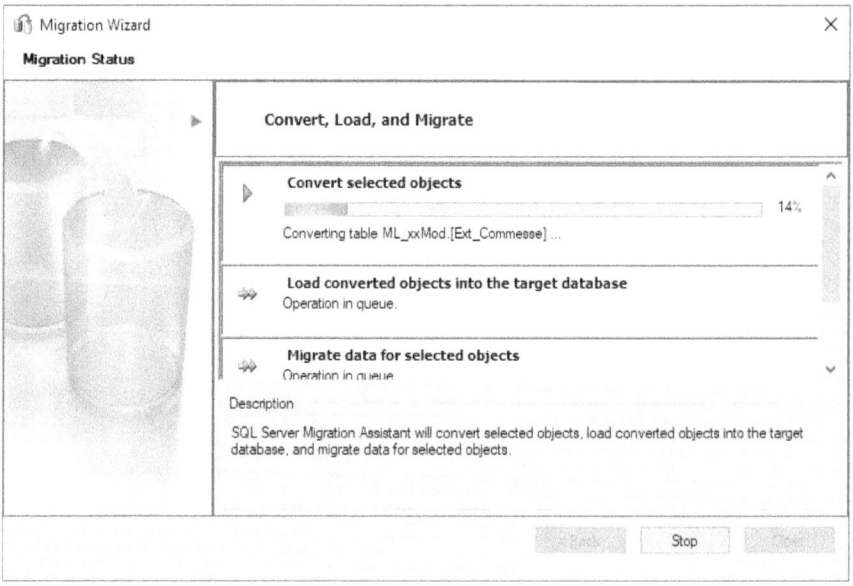

Fig. 41: Conversione degli Oggetti

Durante il processo di migrazione può venire richiesta la connessione a SQL Server (**Fig. 44: Connessione a SQL Server**).

Possiamo lasciare le opzioni *Encript Connection* e *Trust Server Certificate* selezionate.

Successivamente, operando sull'applicazione Access, in fase di migrazione vedremo come modificare collegamenti di tabelle e opzioni a seconda delle esigenze.

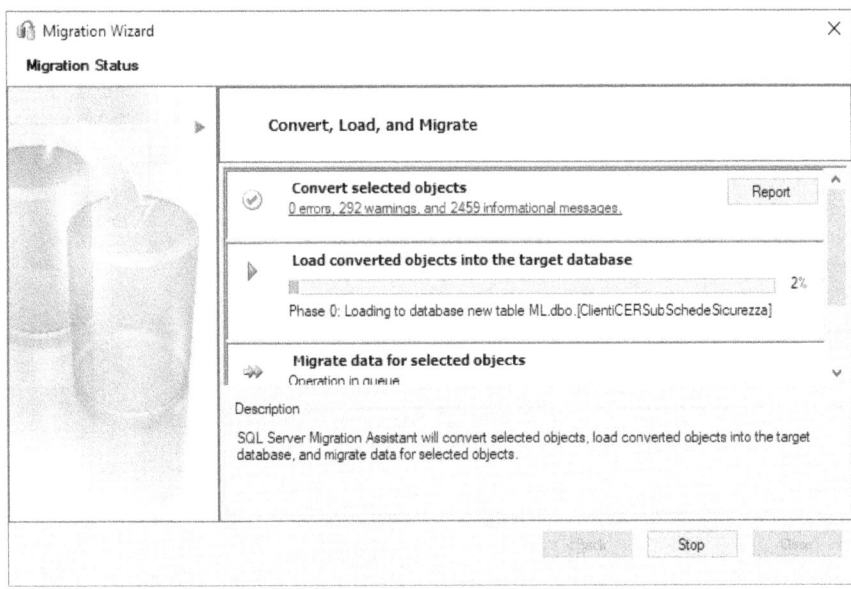

Fig. 42: Creazione degli Oggetti

Da Microsoft Access a Microsoft SQL Server

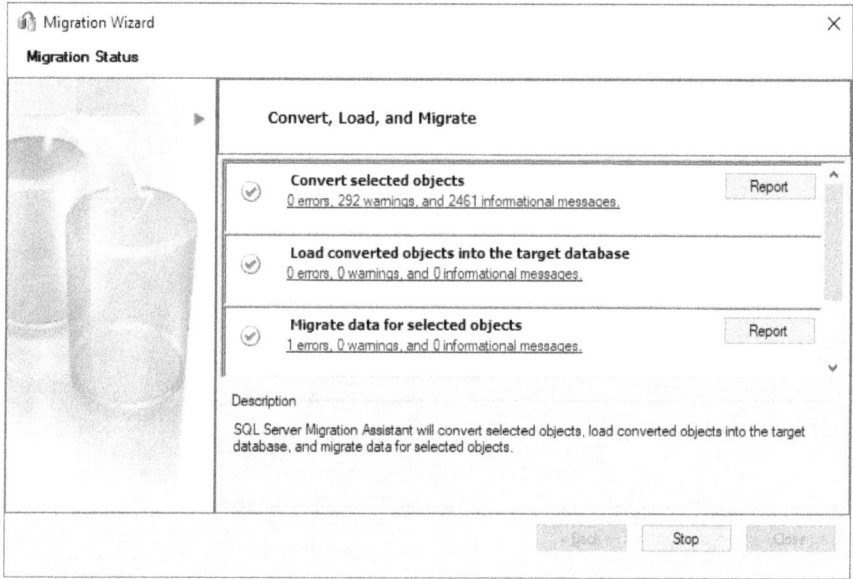

Fig. 43: Migrazione dei dati

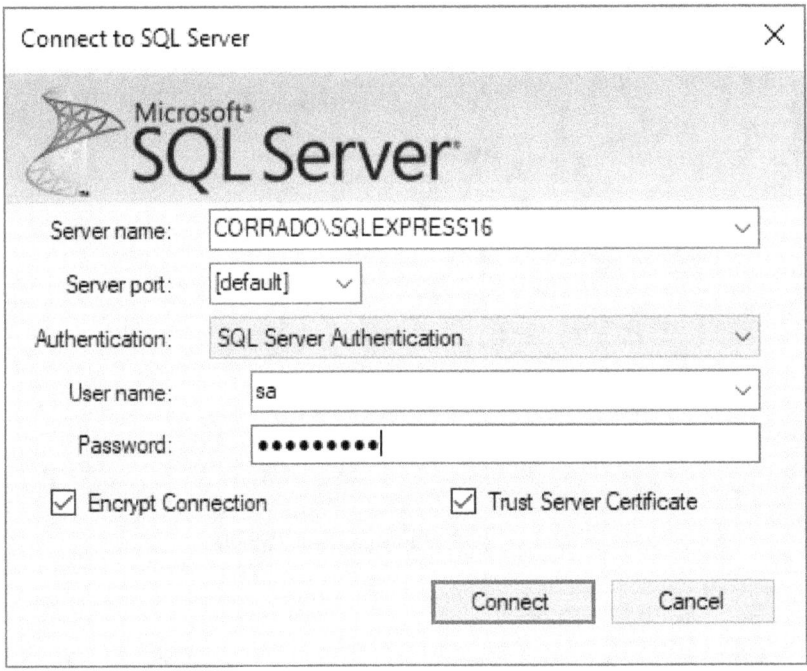

Fig. 44: Connessione a SQL Server

Da Microsoft Access a Microsoft SQL Server

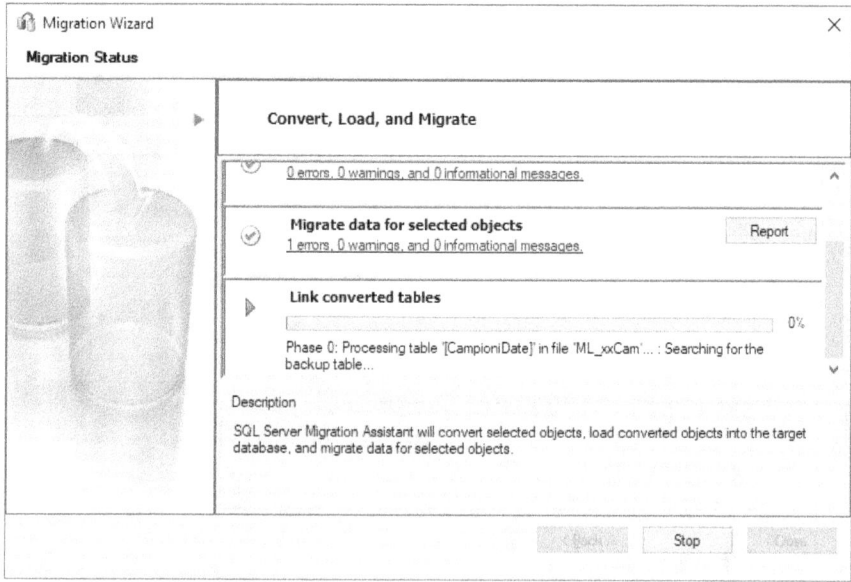

Fig. 45: Collegamento Tabelle

Alla fine del processo di migrazione (**Fig. 46: Lista Errori**) esaminiamo le informazioni per stabilire gli interventi da effettuare.

Accedendo alle informazioni del secondo passo, Load connected object into the target database, (**Fig. 46: Lista Messaggi di Tipo Information e Warning**) notiamo delle informazioni che possiamo ridurre a

- Ridenominazione dell'indice PrimaryKey (nome riservato per SQL Server, ma non per Access)
- Valore di default 0 (Falso) aggiunto alle colonne di tipo bit (Sì/no) se mancante

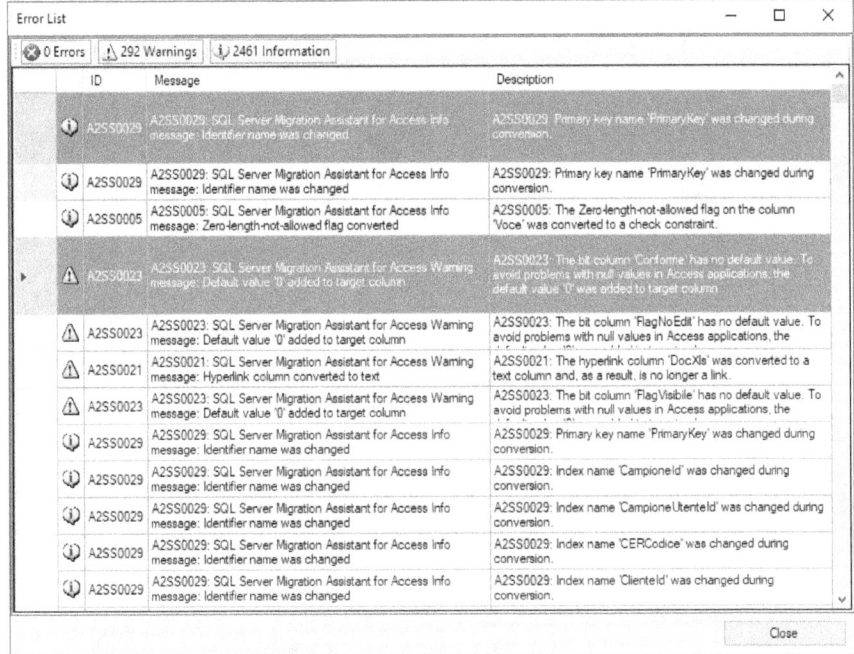

Fig. 46: Lista Messaggi di Tipo Information e Warning

Da Microsoft Access a Microsoft SQL Server

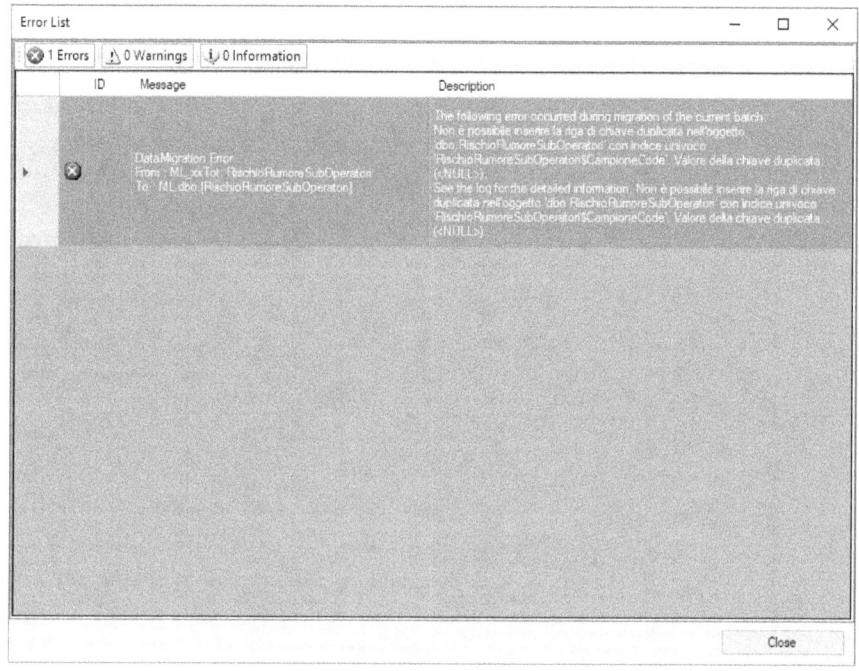

Fig. 47: Lista Messaggi di Tipo Errore

Nel terzo passo, Migrate data for selected object, abbiamo un errore (**Fig. 47: Lista Messaggi di Tipo Errore**).

Abbiamo simulato questo errore perché Access, a volte permette delle impostazioni indici univoci che prevedono la possibilità di inserire valori Null (NULL).

Questo non è possibile naturalmente con SQL Server.

A parte la situazione scatenante dell'errore, vogliamo far notare che la presenza di errori va esaminata attentamente.

Nel caso della nostra simulazione la tabella è stata creata nel database ML di SQL Server, ma i dati non sono stati migrati per la presenza di valori NULL nel campo con indice univoco.

Vediamo ora come possiamo risolvere questo errore nella migrazione.

Passiamo quindi a SQL Server Manager ed eliminiamo la tabella RischioRumoreSubOperatori (**Fig. 48: Correzione Errori – Eliminazione Tabella**).

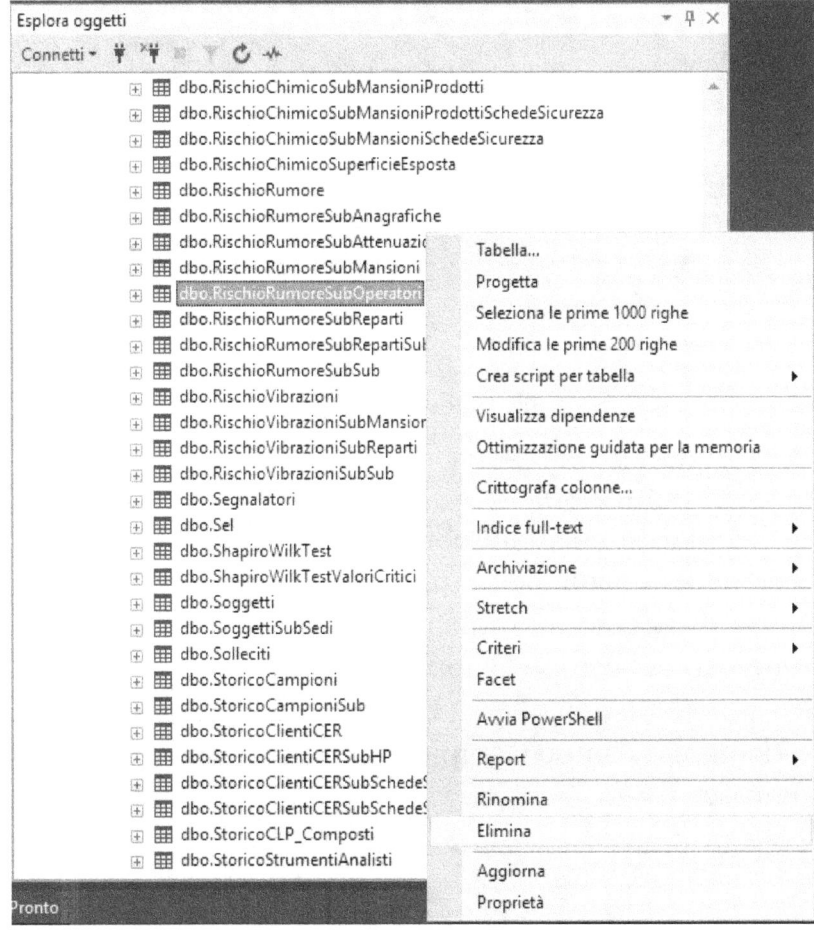

Fig. 48: Correzione Errori – Eliminazione Tabella

Da Microsoft Access a Microsoft SQL Server

Creiamo un nuovo database Access, ML_xxCor.accdb, in cui importiamo la tabella SMA$RischioRumoreSubOperatori$local così rinominata da SSMA nel processo di migrazione (**Fig. 49: Ridenominazione Tabella Migrata**)

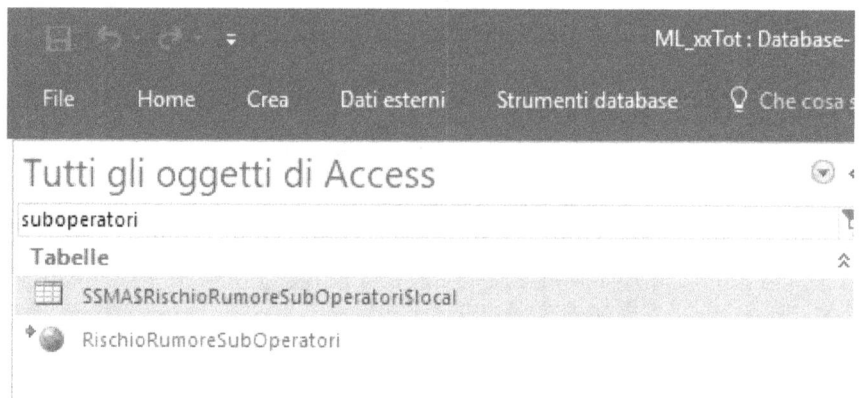

Fig. 49: Ridenominazione Tabella Migrata

Rinominiamo SSMA$RischioRumoreSubOperatori$local con il suo nome originale RischioRumoreSubOperatori

Risolviamo il problema dei valori NULL sull'indice univoco del campo CampioneCode.

Creiamo una query (**Fig. 50: Query di correzione**) per popolare il campo CampioneCode con valori di comodo univoci.

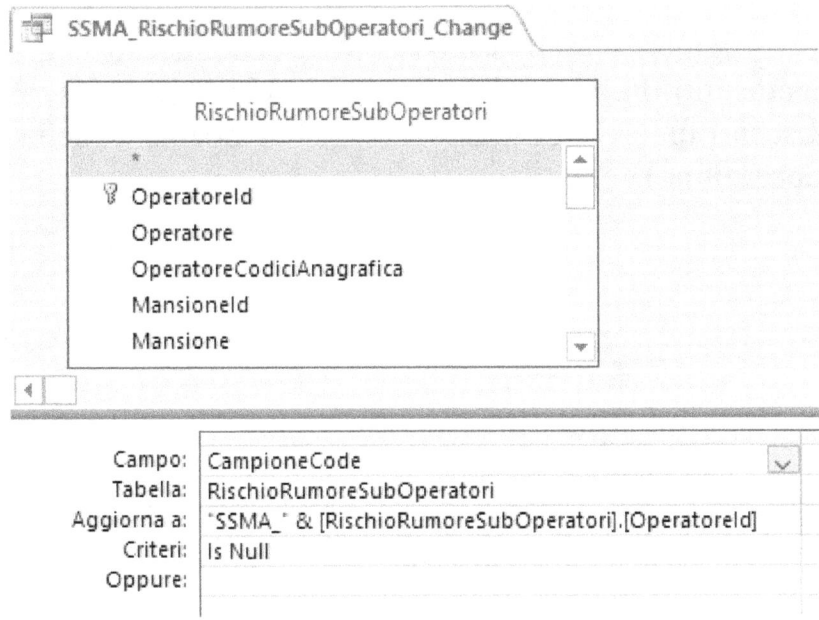

Fig. 50: Query di correzione

Ora possiamo passare a SSMA e creare un nuovo progetto di "Correzione" (**Fig. 51: Creazione Progetto SSMA di correzione**).

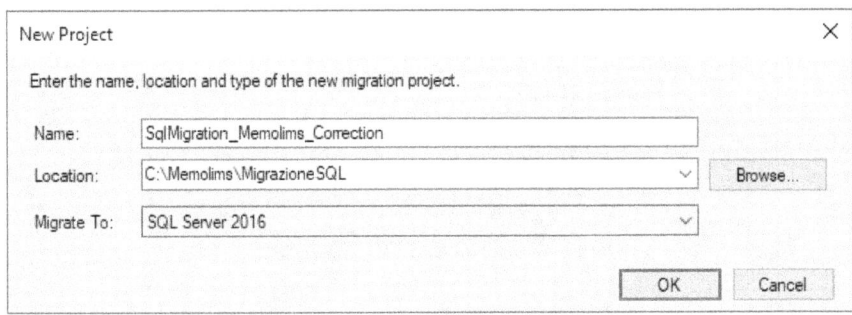

Fig. 51: Creazione Progetto SSMA di correzione

Aggiungiamo il database ML_xxCor.accdb (**Fig. 52: Scelta Database per Correzione**) e selezioniamo la tabella RischioRumoreSubOperatori (**Fig. 53: Scelta Tabella per Correzione**).

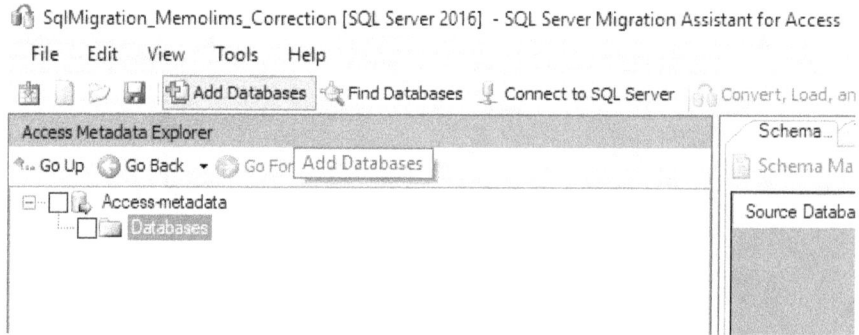

Fig. 52: Scelta Database per Correzione

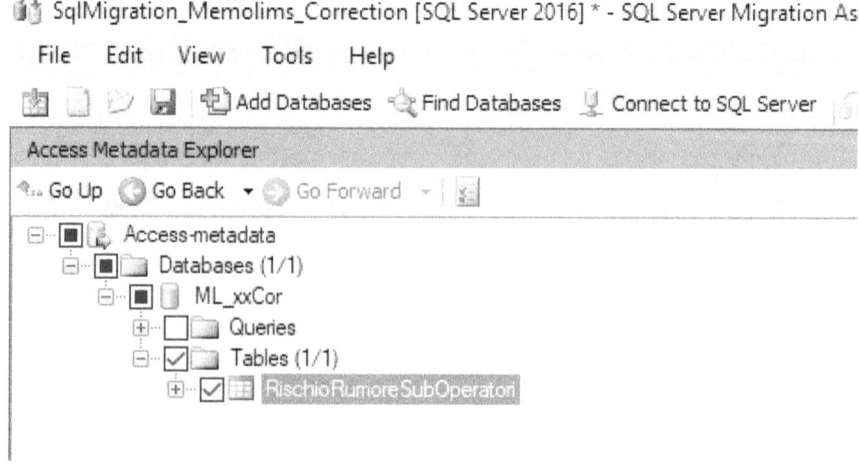

Fig. 53: Scelta Tabella per Correzione

La tabella viene migrata ora correttamente (**Fig. 54: Migrazione della Tabella con dati corretti**)

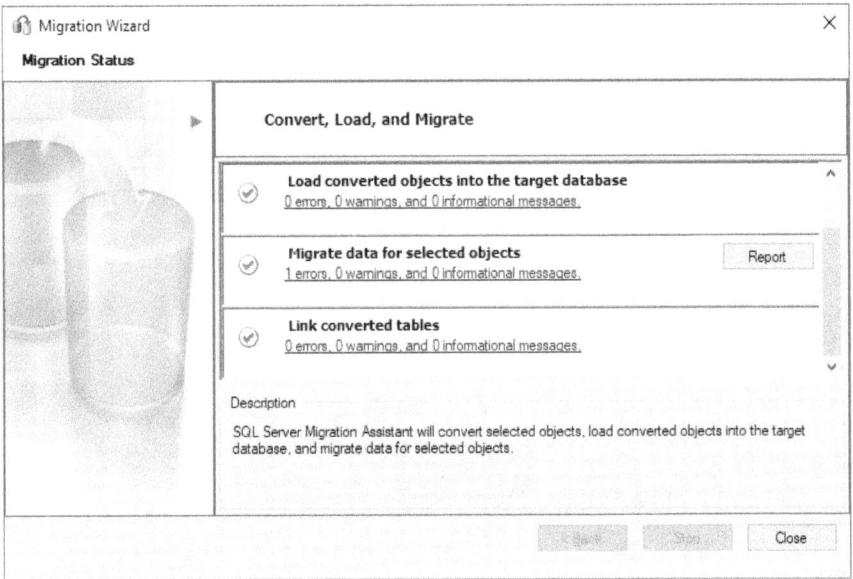

Fig. 54: Migrazione della Tabella con dati corretti

La chiusura di ogni progetto SSMA richiede il salvataggio dei Metadati (**Fig. 55: Chiusura Progetto di Correzione**).

Da Microsoft Access a Microsoft SQL Server

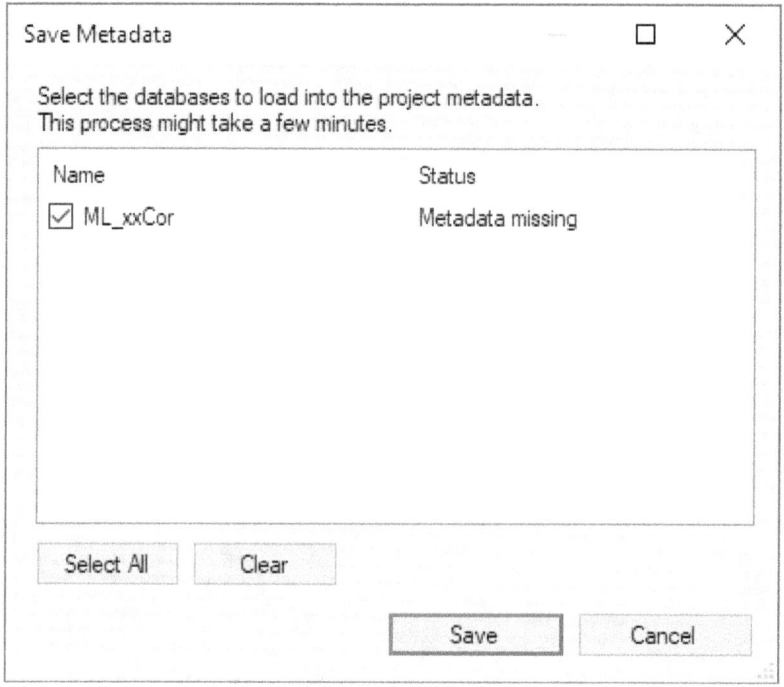

Fig. 55: Chiusura Progetto di Correzione

Ora abbiamo le nostre tabelle migrate su SQL Server.

Nel capitolo successivo vedremo come utilizzare le nuove tabelle SQL Server in Memolims, la nostra applicazione.

Oltre SSMA: le tabelle SQL nell'applicazione

Il passo successivo alla migrazione dei dati è la modifica della nostra applicazione Memolims con la sostituzione dei collegamenti ai database Access con i collegamenti alle tabelle su Server SQL migrate.

Accediamo all'applicazione ed eliminiamo i collegamenti ai database Access (**Fig. 56: Eliminazione Collegamenti a tabelle Access**)

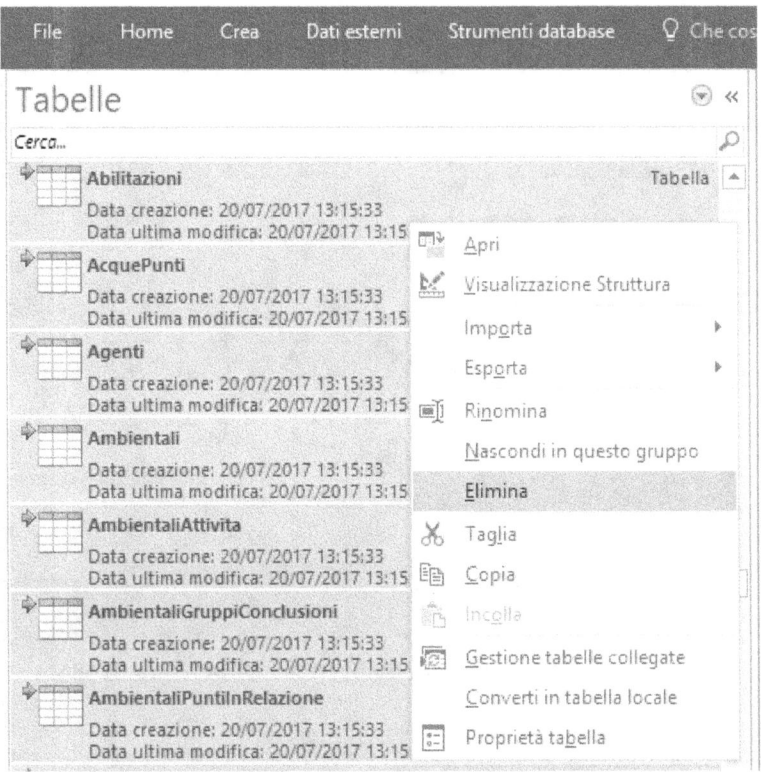

Fig. 56: Eliminazione Collegamenti a tabelle Access

Da Microsoft Access a Microsoft SQL Server

Sostituiamo i collegamenti eliminati con i collegamenti alle tabelle sul database ML di SQL Server.

Possiamo creare una connessione ODBC e collegare le tabelle, ma la via più semplice, dato che abbiamo usato SSMA, è quella di importare come tabelle di Access i collegamenti sui file .accdb creati da SSMA durante la fase di migrazione.

Importiamo quindi questi collegamenti nella nostra applicazione (**Fig. 57: Importazione Collegamenti ODBC creati da SSMA**).

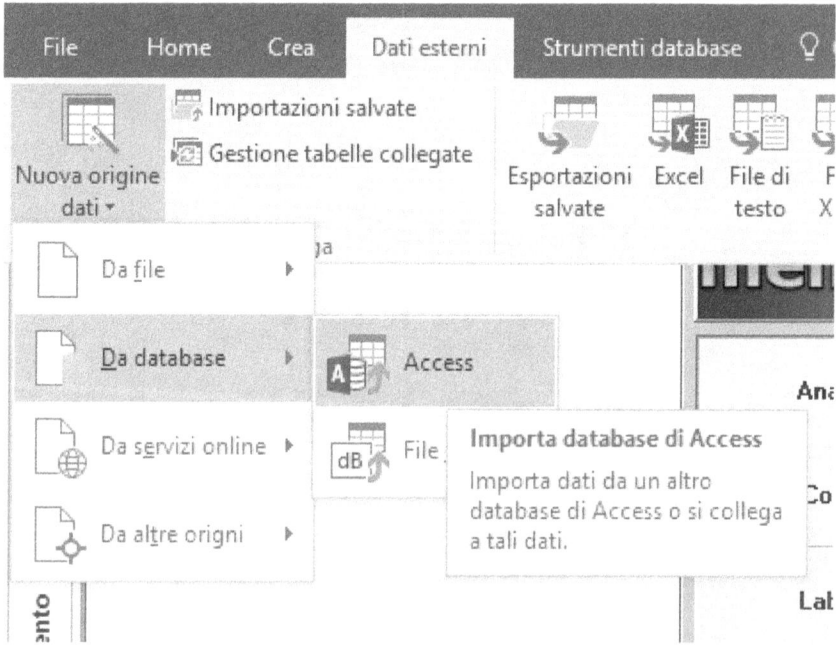

Fig. 57: Importazione Collegamenti ODBC creati da SSMA

Scegliamo via via i file di database Access che contengono i collegamenti creati da SSMA (**Fig. 58: Scelta Database elaborati da SSMA**), quindi selezioniamo le tabelle (in realtà sono collegamenti) richieste (**Fig. 59: Scelta Tabelle da importare**).

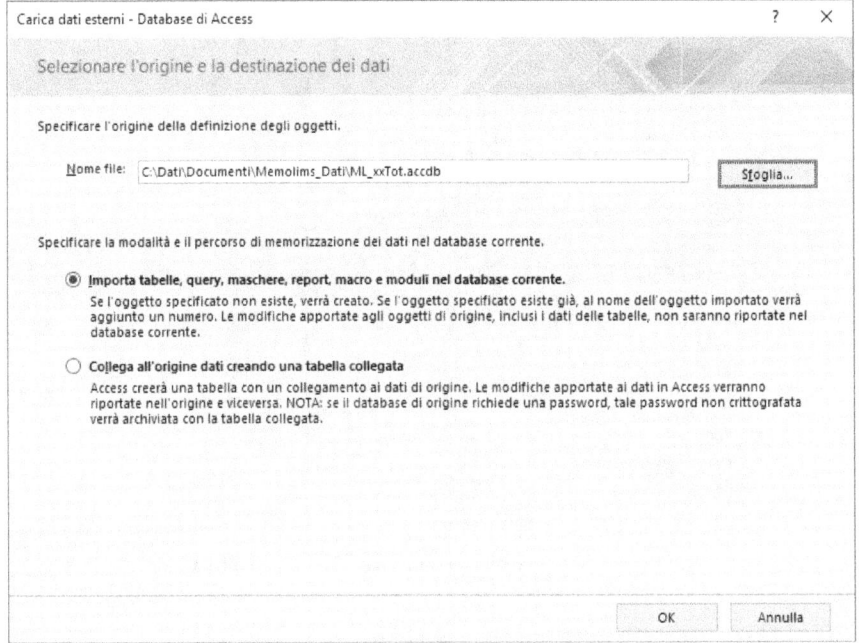

Fig. 58: Scelta Database elaborati da SSMA

Da Microsoft Access a Microsoft SQL Server

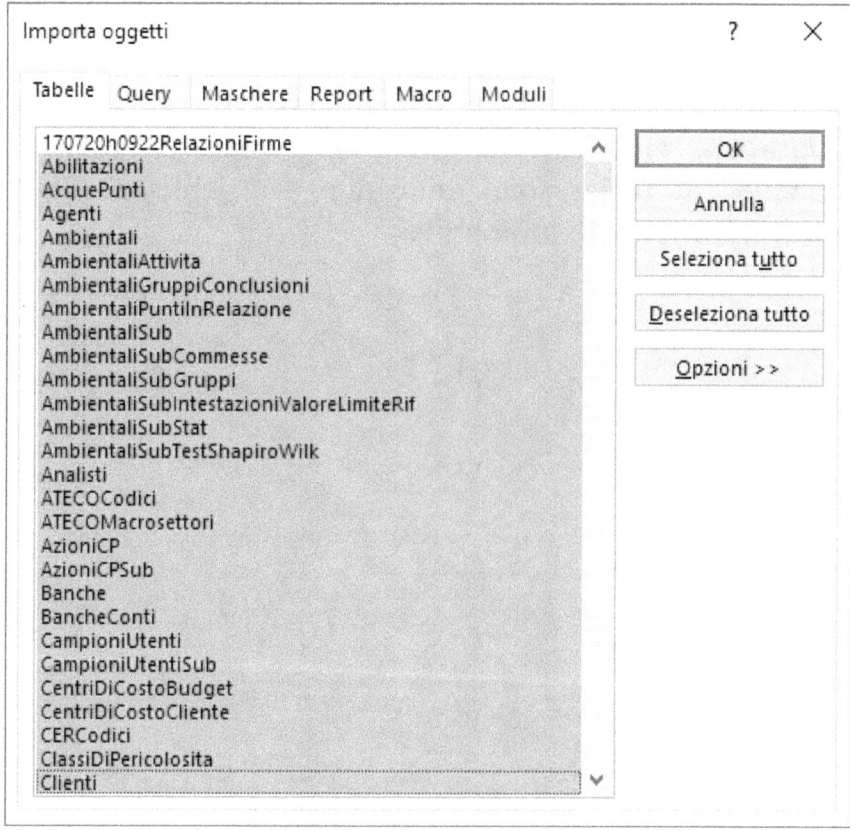

Fig. 59: Scelta Tabelle da importare

Alla fine saranno visibili i tipici collegamenti ODBC con la classica icona del mappamondo (**Fig. 60: Connessioni ODBC importate**).

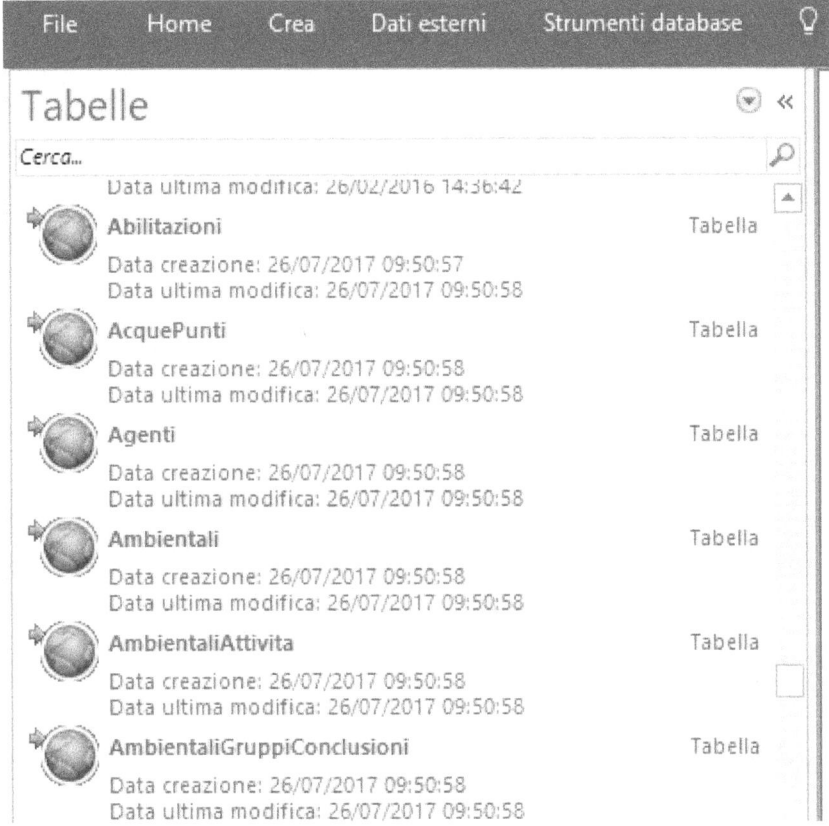

Fig. 60: Connessioni ODBC importate

Completata la sostituzione dei collegamenti alle tabelle nei file di Access con i collegamenti (ODBC) al database ML in SQL Server, possiamo accedere all'applicazione per completare quelli che possiamo definire gli interventi massivi di migrazione.

All'apertura dell'applicazione, o all'esecuzione di qualche routine possiamo trovarci in presenza del messaggio di errore che ci raccomanda di usare l'opzione

Da Microsoft Access a Microsoft SQL Server

dbSeeChanges con l'istruzione OpenRecordset (**Fig. 61: Messaggio Errore Apertura Recordset**).

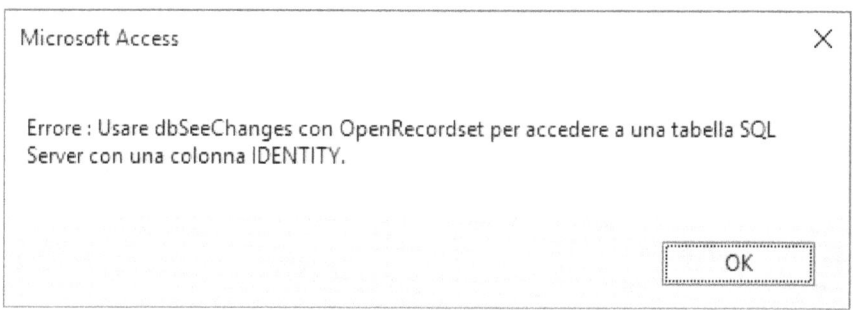

Microsoft Access   ✕

Errore : Usare dbSeeChanges con OpenRecordset per accedere a una tabella SQL Server con una colonna IDENTITY.

OK

Fig. 61: Messaggio Errore Apertura Recordset

Il link seguente riporta le informazioni sull'uso di OpenRecordset

https://msdn.microsoft.com/en-us/library/office/ff820966.aspx

Procediamo quindi con l'inserimento dell'opzione dbSeeChanges ove necessario.

Ad esempio l'istruzione

Set rs=db.OpenRecordset("ImpostazioniRete", dbOpenDynaset)

viene modificata in

Set rs=db.OpenRecordset("ImpostazioniRete", dbOpenDynaset, dbSeeChanges)

Possiamo utilizzare per una correzione massiva la sostituzione del codice (Fig. 62: Sostituzione Massiva Opzioni di OpenRecordset)

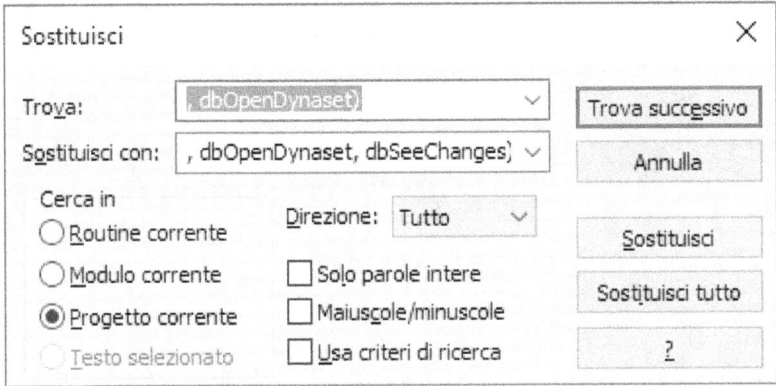

Fig. 62: Sostituzione Massiva Opzioni di OpenRecordset

A questo punto potremmo avere la necessità di modificare la Migrazione dati eseguita in precedenza.

Potremmo aver utilizzato uno schema di corrispondenza dei campi tra SQL Serve e Access non corretto per i nostri fini.

Ad esempio, potremo aver utilizzato il tipo di campo di default Datetime2(0) invece del più adatto Datetime.

In questo caso riapriamo il progetto SSMA SQLMigration_Memolims utilizzato e ripetiamo la procedura di Migrazione con le dovute correzioni.

Operiamo nel modo seguente.

Innanzitutto operiamo una operazione di rollback.

Per ogni database interessato (in questi casi è bene procedere comunque per tutti) scegliamo l'opzione di Unlink Tables (**Fig. 63: Rollback della conversione in SSMA**).

Questa operazione di rollback non ha effetto sulle tabelle in SQL Server.

Da Microsoft Access a Microsoft SQL Server

Elimina i collegamenti nei database di Access già migrati e riassegna il nome originale alle tabelle di Access rinominate con prefisso SSMA$ e suffisso $local.

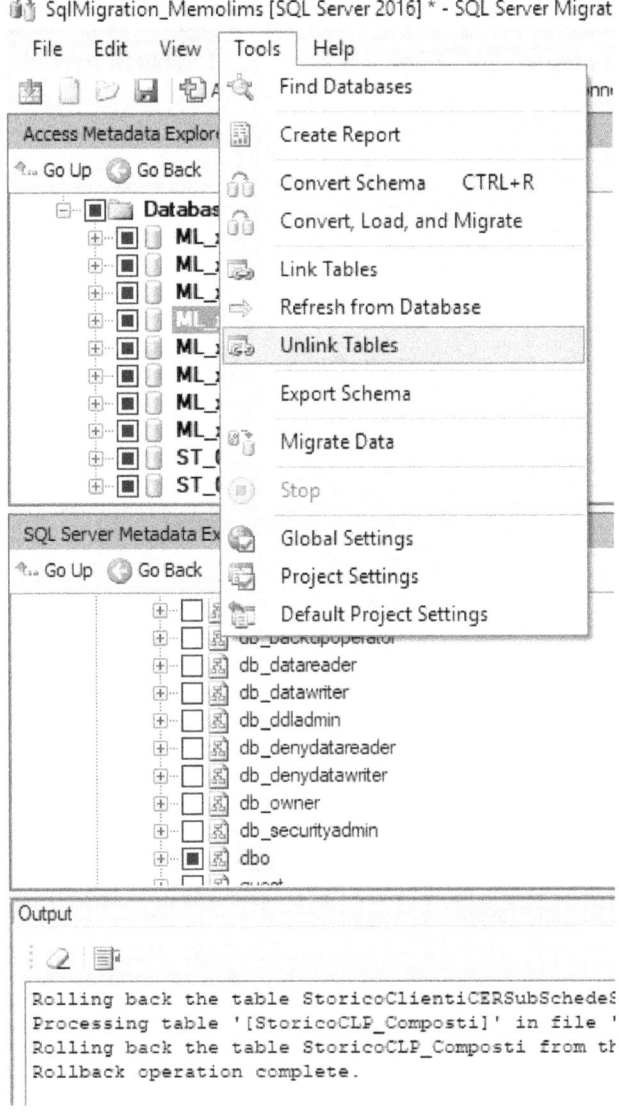

Fig. 63: Rollback della conversione in SSMA

Operati i rollback impostiamo a livello di database lo schema corretto.

Da Microsoft Access a Microsoft SQL Server

Ad esempio assegniamo al campo Data/ora il campo Datetime al posto del preimpostato Datetime2(0) (**Fig. 64: Impostazione del Tipo di campo Datetime**)

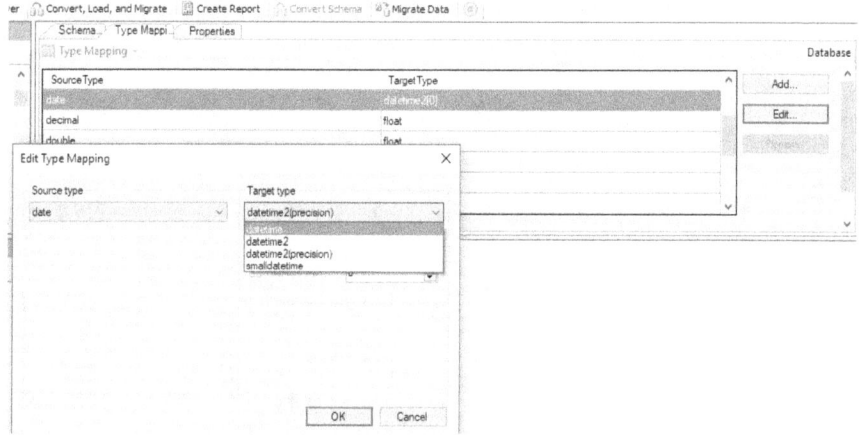

Fig. 64: Impostazione del Tipo di campo Datetime

Possiamo, quindi, rifare la Migrazione scegliendo sulla barra degli strumenti di SSMA il comando Convert, Load and Migrate (**Fig. 65: Convert, Load and Migrate in SSMA**)

Un messaggio avverte della presenza delle tabelle precedentemente migrate in SQL Server e chiede conferma per la sovrascrittura (**Fig. 66: Messaggio di Esistenza della Tabella**)

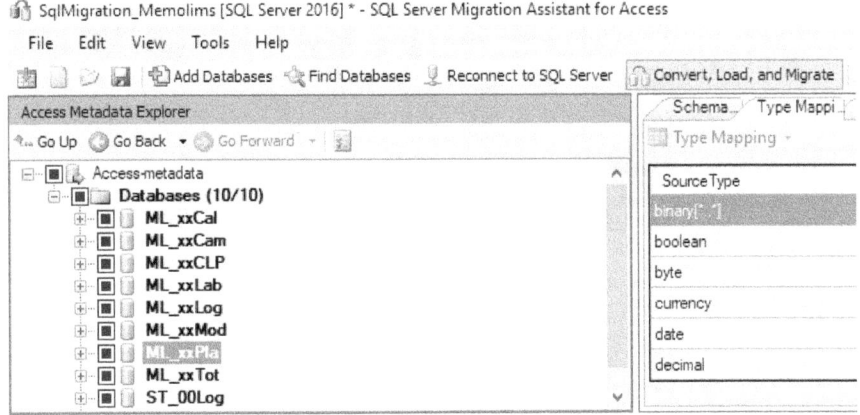

Fig. 65: Convert, Load and Migrate in SSMA

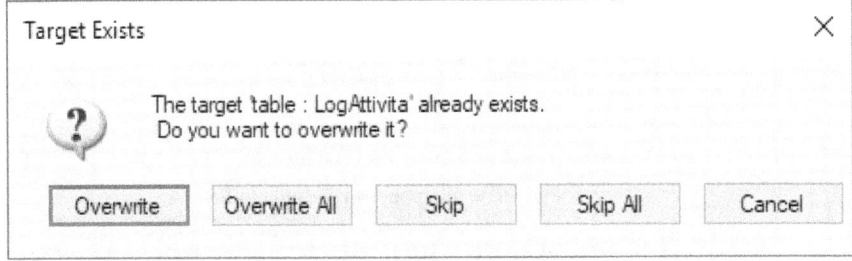

Fig. 66: Messaggio di Esistenza della Tabella

Completata la Migrazione creiamo i collegamenti alle tabelle migrate su SQL Server con il comando Link Tables **(Fig. 67: Collegamento Tabelle in SSMA)**

Da Microsoft Access a Microsoft SQL Server

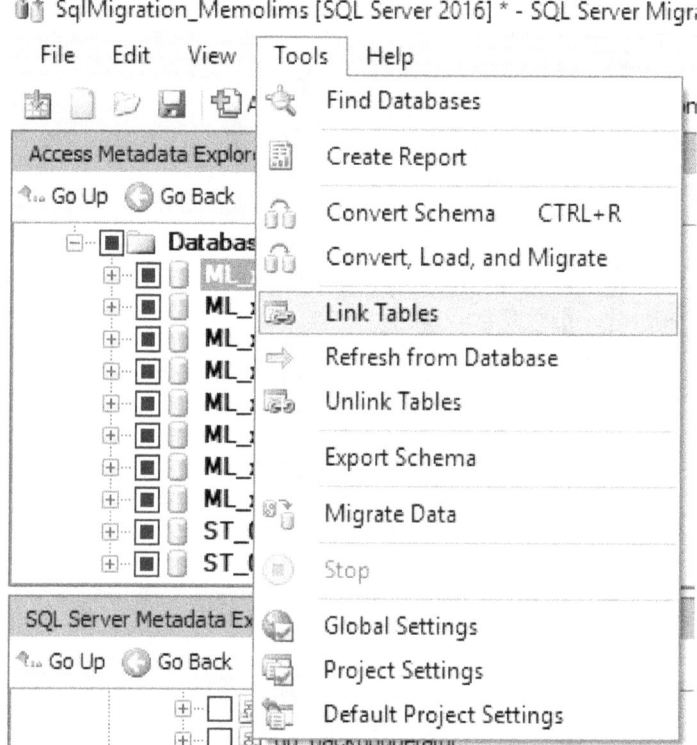

Fig. 67: Collegamento Tabelle in SSMA

Naturalmente occorre fare un refresh dei collegamenti nella nostra applicazione.

In Dati Esterni scegliamo Gestione Tabelle Collegate **(Fig. 68: Menu Gestione Tabelle Collegate in Access)**

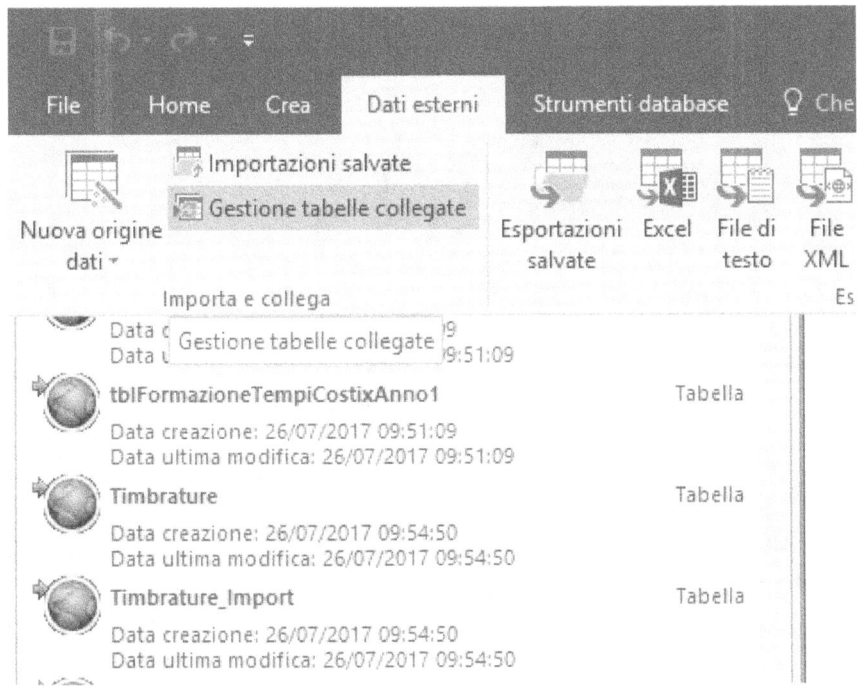

Fig. 68: Menu Gestione Tabelle Collegate in Access

Selezioniamo tutte le tabelle (opzione Richiedi sempre nuovo percorso non selezionata) e con OK ricolleghiamo le tabelle ODBC (**Fig. 69: Gestione Tabelle Collegate in Access**).

Da Microsoft Access a Microsoft SQL Server

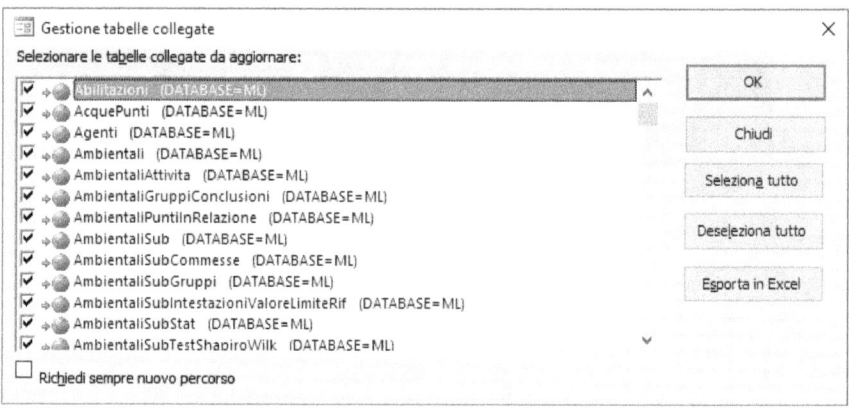

Fig. 69: Gestione Tabelle Collegate in Access

Naturalmente questo approccio va bene per una prima fase di tipo "manuale", ma occorre dotarci subito di procedure software (codice VBA in Microsoft® Access, per automatizzare il tutto e rispondere alle seguenti esigenze che si presenteranno immancabilmente nel nostro progetto:

- Nuove tabelle da collegare
- Refresh di tabelle collegate. Ogni modifica strutturale delle tabella collegate nel database in Microsoft® SQL Server non viene automaticamente visualizzata nella connessione ODBC.
- Passaggio da un Server e Database di test ad un Server e Database di produzione

Manutenzione delle connessioni

Nel capitolo **Operazioni prelimari sui dati** abbiamo creato la tabella MLTables (**Fig. 70: Tabella MLTables**) che ci è servita per la pulizia dei campi Data/ora e che abbiamo popolato con l'elenco delle tabelle da migrare.

Nome campo	Tipo dati
MLTable	Testo breve
MLTableKey	Testo breve

Fig. 70: Tabella MLTables

Non ci siamo occupati dei dettagli di compilazione di questo elenco perchè qualsiasi applicazione ha già un elenco delle tabelle dati utilizzate per ovvie ragioni di analisi e manutenzione.

La tabella MLTables sarà utilizzata per la manutenzione delle connessioni ODBC.

Superata la prima fase in cui abbiamo gestito le connessioni ODBC create da SSMA manualmente dobbiamo dotarci, come anticipato nel capitolo precedente, degli strumenti software per automatizzare le operazioni seguenti

- Connessione di nuove tabelle
- Refresh di tabelle collegate. Ogni modifica strutturale delle tabella collegate nel database in

Microsoft® SQL Server non viene automaticamente visualizzata nella connessione ODBC.

- Passaggio da un Server e Database di test ad un Server e Database di produzione

Le procedure che creeremo utilizzeranno MLTables per ricavare l'elenco delle tabelle su cui lavorare.

Ogni nuova tabella da collegare sarà inserita in MLTables.

Ma come si compila ex-novo un elenco delle tabelle contenute in un database?

Nel caso di Microsoft® Access potremmo ricavare questo elenco con del codice VBA, ma di solito si utilizza una query con un'istruzione SELECT di SQL.

Nel caso di Microsoft® SQL Server avviamo SQL Server Management Studio, ci connettiamo al nostro SQL Server, selezioniamo il database ML, e clicchiamo sull'icona Nuova Query (**Fig. 71: Nuova Query in SQL Server**).

Scriviamo l'istruzione SQL nella finestra SQL della query

SELECT *
FROM information_schema.tables

o se vogliamo filtrare delle tabelle, ad sempio quelle che iniziano con il termine *Campioni*

SELECT *

FROM information_schema.tables
WHERE table_name **LIKE** *'Campioni%'*

Con il pulsante *Esegui* otteniamo l'elenco delle tabelle con le informazioni
TABLE_CATALOG (il database, cioè ML)
TABLE_SCHEMA
TABLE_NAME (il nome della tabella)
TABLE_TYPE

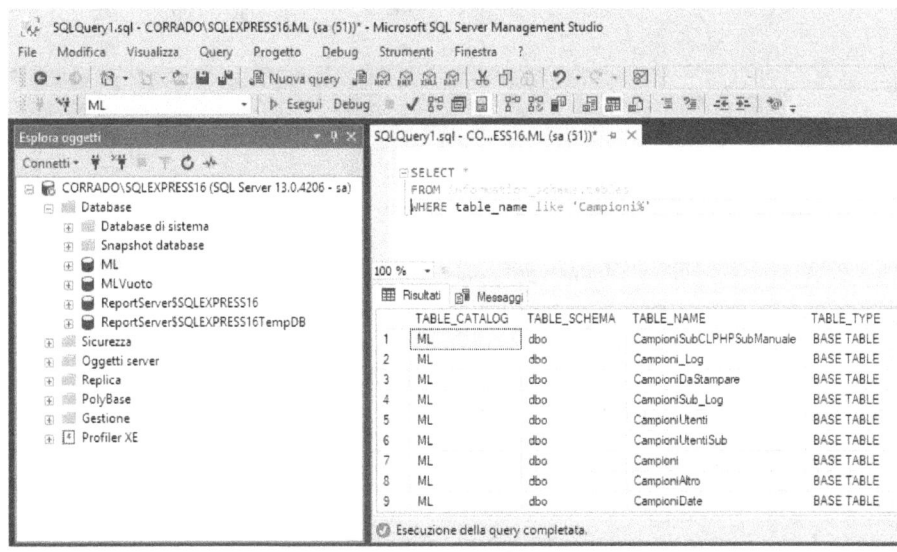

Fig. 71: Nuova Query in SQL Server

Da Microsoft Access a Microsoft SQL Server

Il tasto destro ci permette di copiare in memoria (Copia, Copia con intestazioni) o salvare su file di testo, CSV o separato da tabulazioni, (Salva risultati come...) l'elenco dei Risultati (**Fig. 72: Export risultati Query in SQL Server**)

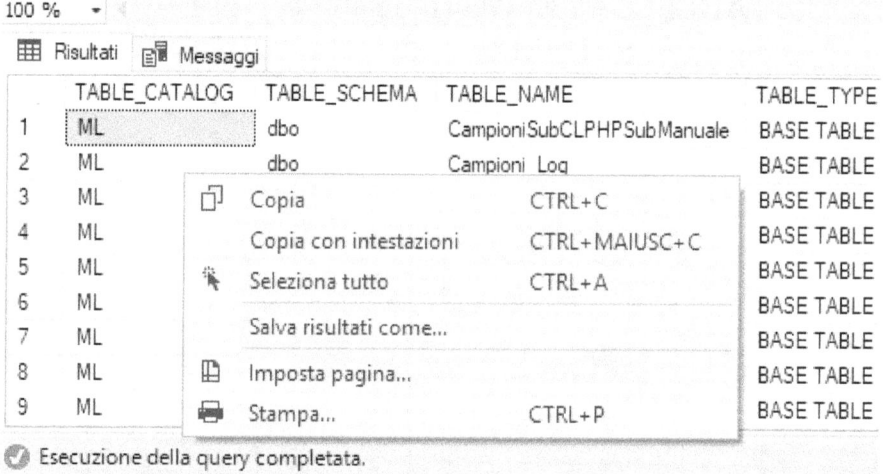

Fig. 72: Export risultati Query in SQL Server

Questo elenco può servire per compilare velocemente la nostra tabella MLTables o per qualsiasi altro scopo, ad esempio compilare della documentazione.

In Microsoft® Access, per ottenere lo stesso risultato, creiamo una query con Crea/Struttura Query e, in Visualizzazione SQL, e scriviamo una SELECT sulla tabella di Sistema MsysObjects.

Prima di scrivere la query per ottenere l'elenco delle tabelle scriviamo la query generica

SELECT MsysObjects.* FROM MsysObjects

Creiamo una nuova query dalla Barra degli strumenti di Access con Crea/Struttura Query.

Inseriamo la SELECT precedente nella Visualizzazione SQL e poi passiamo alla Visualizzazione Struttura (**Fig. 73: Query sulla tabella MsysObjects in Access**)

Da Microsoft Access a Microsoft SQL Server

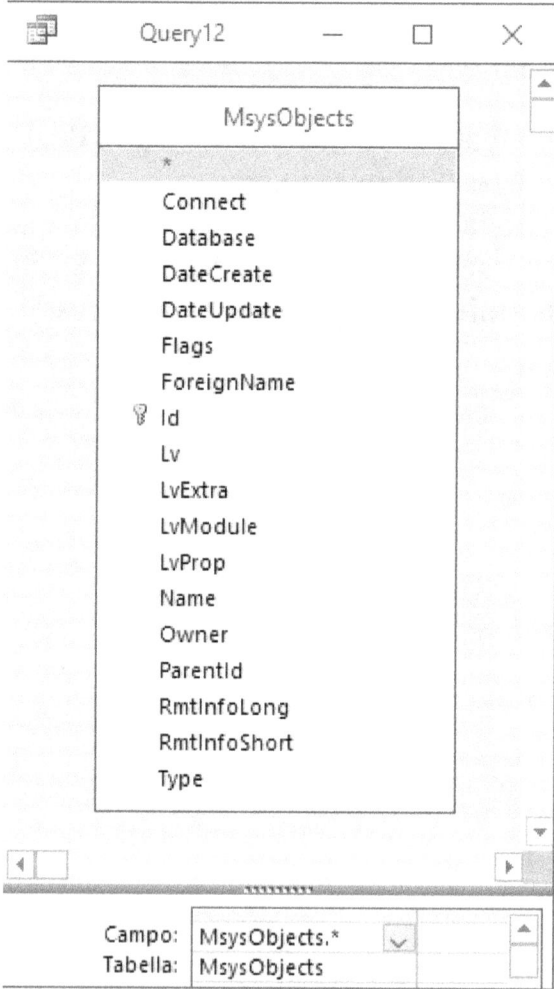

Fig. 73: Query sulla tabella MsysObjects in Access

Il nome della tabella è contenuto nel campo Name, ma MsysObjects non contiene solo tabelle.

Per ottenere l'elenco delle tabelle filtriamo sul campo Type che assume i valori seguenti

1 (Tabelle di Access)

6 (Tabelle di Access Collegate)

4 (Tabelle di Microsoft SQL Collegate via ODBC)

La query diventa

SELECT	Name,
	Database,
	Connect,
	ForeignName,
	Type
FROM	MsysObjects
WHERE	Type IN (1, 4, 6)
AND	Name NOT LIKE 'Msys*'

L'esecuzione di questa query porta ad un foglio dati di questo tipo (**Fig. 74: Foglio Dati della Query su MsysObjects in Access**)

Da Microsoft Access a Microsoft SQL Server

Name	Database	Connect	ForeignName	Type
CommesseComodo				1
Clienti		DRIVER=SQL Server;SERVER=CORRADO\SQLEXPRESS16 ;UID=sa;PWD=Microsoft;APP=Microsoft Office 2016;DATABASE=ML	dbo.Clienti	4
ParametriSubappalto	C:\Users\Utente\Desktop\Su bappalto.mdb		ParametriSubappalto	6

Fig. 74: Foglio Dati della Query su MsysObjects in Access

Ottenuta la query possiamo copiare i dati, o trasformarla in una query di accodamento per compilare la nostra tabella MLTables.

Notiamo che nel campo Connect sono memorizzate in chiaro le informazioni di Connessione, e purtroppo, anche la password.

Teniamo conto di tutto questo quando ci occupiamo della sicurezza dei dati.

Nell'Introduzione di questo lavoro uno dei punti di debolezza citati per Microsoft® Access era, appunto, la sicurezza.

Torniamo alle nostre Connessioni ODBC sul database ML residente su Microsoft® SQL Server e all'esigenza della loro gestione.

Scriviamo una funzione per gestire la connessione.

Ricordiamo che il nostro approccio è la scrittura di una Connessione ODBC senza DSN (DSN less) in perfetto stile emulativo di SSMA.

La funzione è disponibile all'indirizzo dell'articolo **How to create a DSN-less connection to SQL Server for linked tables in Access** *(Come creare una connessione senza DSN per tabelle collegate in Access)*.

Nell'articolo sono descritti due possibili soluzioni per realizzare la funzione.

Noi abbiamo scelto la prima che utilizza il metodo **CreateTableDef** per creare il collegamento ad una tabella.

Nome della funzione	*AttachDSNLessTable*
Scopo	*Crea una Connessione ODBC verso una tabella su SQL Serven senza utilizzare una DSN (Database Source Name)*
Parametri	
stLocalTableName	*Nome della tabella (collegamento) da creare nel database corrente*
stRemoteTableName	*Nome della tabella nel database ML su SQL Server da collegare*
stServer	*Nome dell'istanza di SQL Server*
stDatabase	*Nome del database SQL (il nostro ML)*
stUsername	*Nome dell'utente SQL Server con cui collegarsi. Ad esempio, sa (utente amministrativo predefinito. Se lasciamo vuoto questo parametro la funzione usa una autenticazione di tipo Trusted.*
stPassword	*La password dell'utente*

Da Microsoft Access a Microsoft SQL Server

Ecco la funzione

```
Function AttachDSNLessTable(stLocalTableName As String,
stRemoteTableName As String, stServer As String, stDatabase As String,
Optional stUsername As String, Optional stPassword As String)

On Error GoTo AttachDSNLessTable_Err

Dim td As TableDef
Dim stConnect As String

   For Each td In CurrentDb.TableDefs
      If td.Name = stLocalTableName Then
         CurrentDb.TableDefs.Delete stLocalTableName
      End If
   Next

   If Len(stUsername) = 0 Then
      '//Usa l'autenticazione trusted se non è fornito stUsername.
      stConnect = "ODBC;DRIVER=SQL Server; _
         SERVER=" & stServer & "; _
         DATABASE=" & stDatabase & "; _
         Trusted_Connection=Yes"
   Else
      '//Attenzione: le credenziali (Utente e Password) saranno salvate
in chiaro nel campo Connect della tabella di sistema MsysObjects.
      stConnect = "ODBC;DRIVER=SQL Server;SERVER=" & stServer &
";DATABASE=" & stDatabase & ";UID=" & stUsername & ";PWD=" &
stPassword
   End If
   Set td = CurrentDb.CreateTableDef(stLocalTableName, _
         dbAttachSavePWD, stRemoteTableName, stConnect)
   CurrentDb.TableDefs.Append td
   AttachDSNLessTable = True
   Exit Function

AttachDSNLessTable_Err:
   AttachDSNLessTable = False
   MsgBox "AttachDSNLessTable encountered an unexpected error: " _
         & Err.Description
End Function
```

Ribadiamo che, se l'autenticazione non è di tipo Trusted, l'Utente (stUsername) e la Password (stPassword) sono salvati in chiaro nella tabella MSysObjects, e quindi si crea un problema di sicurezza.

Ora, finalmente, possiamo utilizzare la funzione per automatizzare le operazioni di Connessione ODBC alle tabelle del nostro database ML su SQL Server.

Creiamo una tabella Impostazioni locale (**Fig. 75: Tabella Impostazioni**) per salvare alcune informazioni da passare come Parametri della funzione **AttachDSNLessTable**.

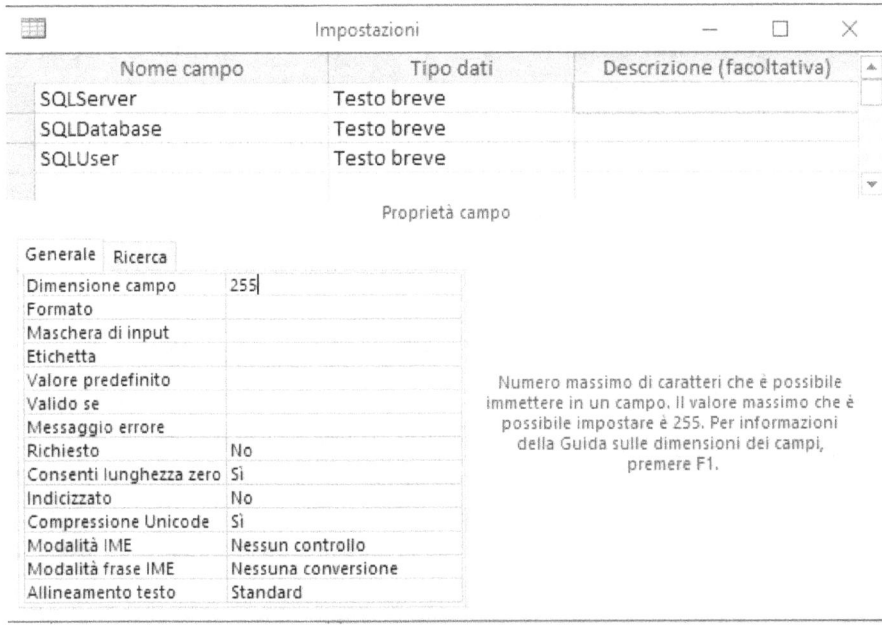

Fig. 75: Tabella Impostazioni

La tabella impostazioni ha tre campi
- SQLServer
- SQLDatabase
- SQLUser

Disegnamo una maschera **Elenco tabelle dati allegate & database** (Origine Record=Impostazioni) con una sottomaschera **MLTables** (Origine Record= MLTables) per gestire l'elenco delle tabelle SQL da collegare via ODBC (**Fig. 76: Elenco tabelle dati allegate & database**).

In questa maschera c'è un pulsante **Allega Tabelle SQL** che richiama la funzione **DataSourceChange()** per allegare le tabelle.

Lo scopo della descrizione di queste utility è quello di dare una traccia di azione per gestire la routine delle operazioni tipiche in un processo di Migrazione dei dati.

Nome della funzione	**DataSourceChange**
Scopo	*Allega le tabelle del database SQL applicando la funzione* **AttachDSNLessTable** *alle tabelle registrate nei record della tabella* **MLTables**
Parametri	*Nessuno*

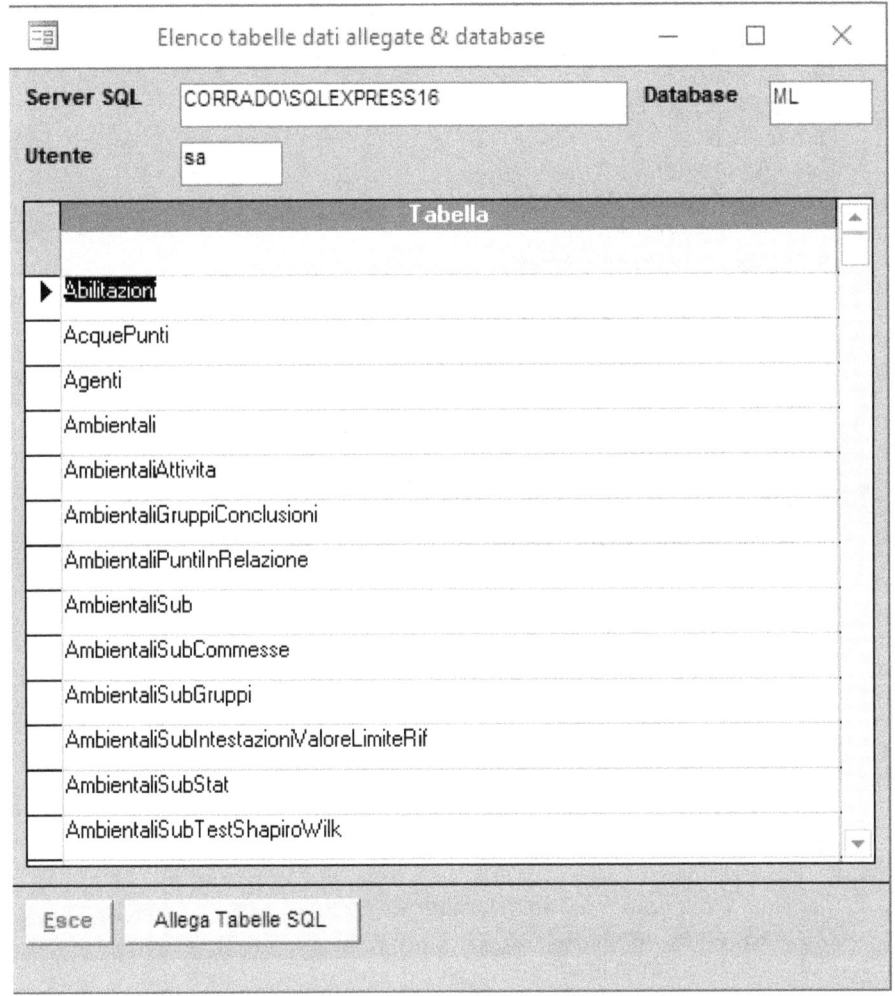

Fig. 76: Elenco tabelle dati allegate & database

Da Microsoft Access a Microsoft SQL Server

```
Function xxDataSourceChange() As Boolean
On Error GoTo Err_xxDataSourceChange
Dim rsSet As Recordset
Dim comodo
Dim db As DAO.Database
Dim rsMain
Dim i As Integer
Dim TableNumber As Integer
Dim myPassword As String
xxDataSourceChange = False
DoCmd.DoMenuItem acFormBar, acRecordsMenu, _
acSaveRecord, , acMenuVer70
myPassword = InputBox("Inserire password per l'utente", _
"Richiesta Password")
TableNumber = 0
Set db = CurrentDb()
Set rsMain = db.OpenRecordset("SELECT * FROM MLTables")
Set rsSet = db.OpenRecordset("Impostazioni")
While Not rsMain.EOF
        comodo = AttachDSNLessTable("" & rsMain("MLTable"), _
        "" & rsMain("MLTable"), _
        rsSet("SQLServer"), _
        rsSet("SQLDatabase"), rsSet("SQLUser"), myPassword)
        TableNumber = TableNumber + 1
        rsMain.MoveNext
Wend
rsSet.Close
rsMain.Close
db.Close
set db = Nothing
MsgBox "Collegate " & TableNumber & " tabelle!"
xxDataSourceChange = True
Exit_xxDataSourceChange:
        Exit Function
Err_xxDataSourceChange:
        MsgBox "Errore: " + Err.Description
        Resume Exit_xxDataSourceChange
End Function
```

Modifiche del codice: il campo Timestamp

Dopo aver sostituito i collegamenti alle tabelle Access con collegamenti alle tabelle SQL sul database ML verifichiamo le funzionalità dell'applicazione, rimuovendo la gestione degli errori per individuare le porzioni di codice che richiedono eventuali interventi.

Ricordiamo che nella migrazione su SQL Server SSMA ha modificato la struttura delle tabelle aggiungendo un campo di tipo TimeStamp per la gestione della concorrenza.

Il nome del campo è SSMA_Timestamp.

Dobbiamo tener conto di questo campo aggiuntivo per tutte quelle righe di codice che operano ciclicamente sui campi di una tabella per copiare dei record perché il campo Timestamp è un campo non aggiornabile dall'utente.

Perla migrazione di Memolims non abbiamo dovuto utilizzate campi di tipo Data diversi da DateTime.

Solo il tipo Datetime viene visto come Data/Ora nei collegamenti ODBC.

Gli altri tipi di campo Data di SQL Server, quale ad esempi DateTime2 viene visto come un campo di tipo Testo.

Nel caso di migrazione con campi DateTime2 occorre modificare le righe di codice che accedono a tali campi perché si attendono un campo di tipo Data/Ora in Access e si ritrovano con un campo di Testo.

La verifica delle funzionalità ci farà scoprire le righe di codice da modificare.

Ad esempio la richiesta di una duplicazione di record sulla tabella Responsabili provoca il seguente messaggio (**Fig. 77: Errore su aggiornamento campo TimeStamp**)

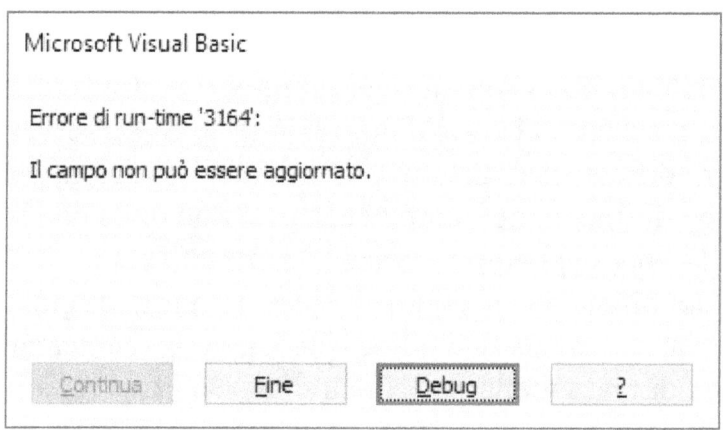

Fig. 77: Errore su aggiornamento campo TimeStamp

L'errore è generato dal tentativo di copiare il contenuto del campo SSMA_TimeStamp dal record di origine al record di destinazione (**Fig. 78: Debug Errore su aggiornamento campo TimeStamp**)

```
Do Until rsSource.EOF
    rsTarget.AddNew
        For i = 0 To rsTarget.Fields.Count - 1
            If rsTarget.Fields(i).Name = "ClienteId" Then
                rsTarget(rsTarget.Fields(i).Name) = Me!ClienteId
            ElseIf rsTarget.Fields(i).Name = "ResponsabileId" Then

            ElseIf rsTarget.Fields(i).Name = "ClienteSubId" Then

            Else
                rsTarget(rsTarget.Fields(i).Name) = rsSource(rsTarget.Fields(i).Name)
            End If        rsTarget.Fields(i).Name = "SSMA_TimeStamp"
        Next i
    rsTarget.Update
    rsSource.MoveNext
Loop
```

Fig. 78: Debug Errore su aggiornamento campo TimeStamp

Basta escludere dalla copia il file chiamato SSMA_TimeStamp per eliminare il problema (**Fig. 79: Correzione su aggiornamento campo TimeStamp**).

```
Do Until rsSource.EOF
    rsTarget.AddNew
        For i = 0 To rsTarget.Fields.Count - 1
            If rsTarget.Fields(i).Name = "ClienteId" Then
                rsTarget(rsTarget.Fields(i).Name) = Me!ClienteId
            ElseIf rsTarget.Fields(i).Name = "ResponsabileId" Then

            ElseIf rsTarget.Fields(i).Name = "ClienteSubId" Then

                'Riga aggiunta per gestire il campo SSMA_TimeStamp
            ElseIf rsTarget.Fields(i).Name = "SSMA_TimeStamp" Then

            Else
                rsTarget(rsTarget.Fields(i).Name) = rsSource(rsTarget.Fields(i).Name)
            End If
        Next i
    rsTarget.Update
    rsSource.MoveNext
Loop
```

Fig. 79: Correzione su aggiornamento campo TimeStamp

Possiamo procedere ad individuare codice di questo tipo con la ricerca seguente (**Fig. 80: Ricerca per risolvere problema su campo TimeStamp**)

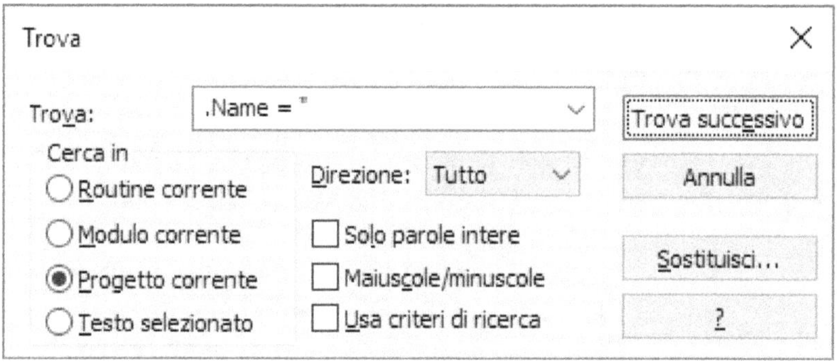

Fig. 80: Ricerca per risolvere problema su campo TimeStamp

per risolvere massivamente il problema.

L'eventuale modifica per tabelle che non contengono il campo SSMA_TimeStamp, ad esempio delle tabelle locali di Access, non produrrà naturalmente errori perché il campo non verrà trovato.

Può accadere che nella Migrazione dei dati sia stata coinvolta qualche tabella senza chiave primaria.

In questo caso, il messaggio, se la tabella è utilizzata in una query di aggiornamento potrebbe essere *"la query non è aggiornabile"*.

Provvediamo inserendo un campo contatore come chiave primaria, o meglio, un campo di tipo int con identity.

Il messaggio che abbiamo visto con la richiesta dell'opzione dbSeeChanges

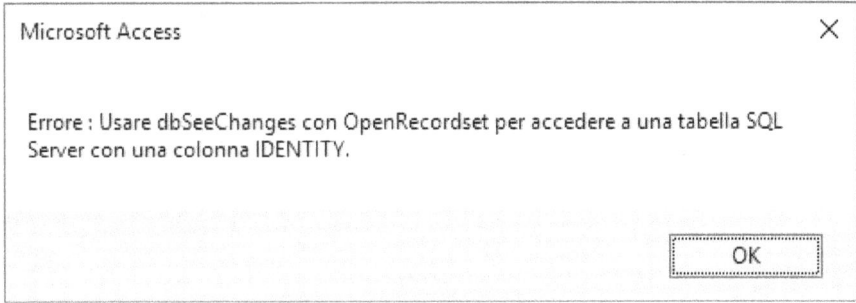

Fig. 81: Errore su esecuzione query

viene generato anche in presenza di istruzioni Execute (**Fig. 81: Errore su esecuzione query**)

Quando succede l'istruzione del tipo

db.Execute (MySQL)

va modificata in

db.Execute (MySQL), dbSeeChanges

Bibliografia/Sitografia

1. Download per SQL Server

   https://www.microsoft.com/it-it/sql-server/sql-server-downloads

2. Scaricare SQL Server Management Studio (SSMS)

   https://docs.microsoft.com/it-it/sql/ssms/download-sql-server-management-studio-ssms ads

3. SQL Server Migration Assistant per Access (AccessToSQL)

   https://docs.microsoft.com/it-it/sql/ssma/access/sql-server-migration-assistant-for-access-accesstosql

4. Incompatible Access Features (AccessToSQL)

   https://docs.microsoft.com/en-us/sql/ssma/access/incompatible-access-features-accesstosql

5. Download per SQL Server

   https://www.microsoft.com/it-it/sql-server/sql-server-downloads

6. How to create a DSN-less connection to SQL Server for linked tables in Access

   https://support.microsoft.com/ta-in/help/892490/how-to-create-a-dsn-less-connection-to-sql-server-for-linked-tables-in

7. ODBC

   https://it.wikipedia.org/wiki/ODBC

8. DSN (Database Source Name)

   https://it.wikipedia.org/wiki/Database_Source_Name